Tucholsky Wagner Zola Scott Sydow Freud Schlegel
Turgenev Wallace Fonatne
Twain Walther von der Vogelweide Fouqué Friedrich II. von Preußen
Weber Freiligrath Frey
Fechner Fichte Weiße Rose von Fallersleben Kant Ernst Richthofen Frommel
Hölderlin
Fehrs Engels Fielding Eichendorff Tacitus Dumas
Faber Flaubert
Feuerbach Maximilian I. von Habsburg Fock Eliasberg Zweig Ebner Eschenbach
Ewald Eliot Vergil
Goethe Elisabeth von Österreich London
Mendelssohn Balzac Shakespeare Dostojewski Ganghofer
Trackl Stevenson Lichtenberg Rathenau Doyle Gjellerup
Mommsen Tolstoi Hambruch
Thoma Lenz Hanrieder Droste-Hülshoff
Dach Verne von Arnim Hägele Hauff Humboldt
Karrillon Reuter Rousseau Hagen Hauptmann Gautier
Garschin
Damaschke Defoe Hebbel Baudelaire
Descartes
Wolfram von Eschenbach Dickens Schopenhauer Hegel Kussmaul Herder
Bronner Darwin Melville Grimm Jerome Rilke George
Campe Horváth Aristoteles Bebel Proust
Bismarck Vigny Barlach Voltaire Federer Herodot
Gengenbach Heine
Storm Casanova Tersteegen Gilm Grillparzer Georgy
Chamberlain Lessing Langbein Gryphius
Brentano Lafontaine
Strachwitz Claudius Schiller Kralik Iffland Sokrates
Katharina II. von Rußland Bellamy Schilling
Gerstäcker Raabe Gibbon Tschechow
Löns Hesse Hoffmann Gogol Wilde Gleim Vulpius
Luther Heym Hofmannsthal Klee Hölty Morgenstern Goedicke
Roth Heyse Klopstock Kleist
Luxemburg Puschkin Homer Mörike Musil
Machiavelli La Roche Horaz
Navarra Aurel Musset Kierkegaard Kraft Kraus
Nestroy Marie de France Lamprecht Kind Kirchhoff Hugo Moltke
Laotse Ipsen Liebknecht
Nietzsche Nansen Ringelnatz
von Ossietzky Marx Lassalle Gorki Klett Leibniz
May vom Stein Lawrence Irving
Petalozzi Knigge
Platon Pückler Michelangelo Kock Kafka
Sachs Poe Liebermann
de Sade Praetorius Mistral Zetkin Korolenko

Der Verlag tredition aus Hamburg veröffentlicht in der Reihe **TREDITION CLASSICS** Werke aus mehr als zwei Jahrtausenden. Diese waren zu einem Großteil vergriffen oder nur noch antiquarisch erhältlich.

Symbolfigur für **TREDITION CLASSICS** ist Johannes Gutenberg (1400 — 1468), der Erfinder des Buchdrucks mit Metalllettern und der Druckerpresse.

Mit der Buchreihe **TREDITION CLASSICS** verfolgt tredition das Ziel, tausende Klassiker der Weltliteratur verschiedener Sprachen wieder als gedruckte Bücher aufzulegen – und das weltweit!

Die Buchreihe dient zur Bewahrung der Literatur und Förderung der Kultur. Sie trägt so dazu bei, dass viele tausend Werke nicht in Vergessenheit geraten.

Volkmar

Historisch-romantisches Gedicht.

Max Eyth

Impressum

Autor: Max Eyth
Umschlagkonzept: toepferschumann, Berlin
Verlag: tredition GmbH, Hamburg
ISBN: 978-3-8424-8948-6
Printed in Germany

Rechtlicher Hinweis:
Alle Werke sind nach unserem besten Wissen gemeinfrei und unterliegen damit nicht mehr dem Urheberrecht.

Ziel der TREDITION CLASSICS ist es, tausende deutsch- und fremdsprachige Klassiker wieder in Buchform verfügbar zu machen. Die Werke wurden eingescannt und digitalisiert. Dadurch können etwaige Fehler nicht komplett ausgeschlossen werden. Unsere Kooperationspartner und wir von tredition versuchen, die Werke bestmöglich zu bearbeiten. Sollten Sie trotzdem einen Fehler finden, bitten wir diesen zu entschuldigen. Die Rechtschreibung der Originalausgabe wurde unverändert übernommen. Daher können sich hinsichtlich der Schreibweise Widersprüche zu der heutigen Rechtschreibung ergeben.

Text der Originalausgabe

Max Eyth

Volkmar

Historisch-romantisches Gedicht.[1]

Aus: Feierstunden

---

[1] Die Handlung fällt in den Kaiserstreit von Ludwig dem Bayern und Friedrich dem Schönen von Österreich (um das Jahr 1322).

I. Jugendtraum.

1. Frühling.

Einsam ist's im Rittersaale droben
Bei dem *Vater* und den Edelknechten,
Wenn sie ihres Jagdspeers Beute loben,
Oder über Krieg und Frieden rechten;
Einsam ist es, wenn die Humpen kreisen,
Klappernd auf den Tisch die Würfel fallen,
Oder wenn die altgewohnten Weisen
In dem Steingewölbe widerhallen,
Wenn gerührt von schwertgewohnten Händen
Harfen ihre Schlachtenlieder singen,
Und der Ahnherrn Waffen an den Wänden,
Wie im Traume, leise miterklingen;
Einsam ist's und kalt; es heult der Wind
Rasselnd in den hohen Bogenfenstern;
Durch die dunkeln Gänge schleicht das *Kind*,
Bang und zitternd vor den Nachtgespenstern.
Aber warm und heimlich ist's im Stübchen,
Wo die Amme bei dem Rocken sitzt,
Wenn der graue Pförtner seinem »Liebchen«
Dann am neuen Vogelbauer schnitzt, –
Wenn der alte »Wächter« grämlich knurrt,
Daß sie lachend ihm die Ohren zauste, –
Wenn auf ihrem Schoß die Katze schnurrt
Und dazu der Schneewind lauter brauste, –
Wenn die Amme, die sich müd' gelesen
Im Gebetbuch, das sie nie verläßt,
Ihr erzählt mit Augen, gramgenäßt,
Wie die Mutter gut und schön gewesen.

Horch, es klopft! – »Sei ruhig, liebes Kind!«
Meint der Pförtner; – »'s ist Novemberwind!« –
Horch, es klopft! – »Es wird ein Pilger sein!« –
Seufzt die Amme; – »geht, und laßt ihn ein!« –
Horch, es klopft! – Die junge Brust erbebt.

Wie in schüchtern unverstand'nem Ahnen;
War's die Mutter, die vorüberschwebt?
Oder war es heut' ein andres Mahnen, –
War's die Zukunft, die mit leisem Schmerz
Dir gerührt ans zarte Kinderherz?

Die Tür stößt auf, – der Sturmwind ras't, –
Die Lampe flammt erschrocken schnell;
Da steht der wunderliche Gast
Im braunen, zott'gen Bärenfell;
Am Fell, da hängt ihm Schnee und Eis,
Am Jägerspieß des Wildes Schweiß;
Zwei blaue, junge Augen –
Die blitzen feurig hell.

»Kalt ist's im Walde«; – »Gott willkomm!« –
»Ich such' ein Obdach; gebt es mir!
Und wenn ich einmal wiederkomm',
Bring' ich das schönste Wild dafür!« –
Den Alten sagt er fröhlich Dank;
Das zott'ge Fell zur Erde sank;
Der holde, schlanke Knabe, –
Er neigte sich vor ihr.

Sein Jagdkleid, nicht von Seide gut,
Ein rauhes Lederkoller war;
Nicht Straußenfedern auf dem Hut,
Die schwarze Schwinge nur vom Aar;
Doch schlank der Wuchs und leicht der Gang,
Hell seiner Stimme froher Klang,
Die kindlich blauen Augen,
Wie Frühlingshimmel, klar.

Sie sah ihn an, bald scheu, bald mild;
Es muß ein Elfenknabe sein!
Er sieht sie an, das holde Bild;
Ist sie ein Engel, zart und rein?
Und wie er ihr ins Auge schaut.
Wie klopfte da ihr Herz so laut!

Und seines, als sie sagte:
»Du sollst willkommen sein!«

Der alte Pförtner höhnt und lacht:
»Du kennst des Jägers kecke Lust?
Wenn man dein Spielzeug so betracht't,
Man sieht's: Du bist der Kraft bewußt!«
Halb zürnend, leicht errötet er:
»Gespielt hab' ich mit Wolf und Bär;
Mein Jagdspieß ist noch blutig;
Das kommt vom Spielen just!«

Die Alte lächelt mütterlich:
»Wie braust der Wind im kalten Tann!
Komm, iß und trink und wärme dich,
Du kleiner, stolzer Jägersmann!« –
»»Mir ist es draußen nicht zu kalt!
Mein Haus ist eben dort der Wald,
Daß, wenn ich irrgegangen, –
Ich fürbaß gehen kann!‹« –

Da schaut sie auf, so wundermild;
Es muß ein Elfenknabe sein!
Er sieht sie an, das schöne Bild;
Ist sie ein Engel, zart und rein?
»O gehe nicht! – sie flüstert's lind; –
Da draußen weht so kalt der Wind;
Sag an: wer ist dein Vater?
Und wer die Mutter dein?« –

»»Mein Vater ist der stolze Tann;
Der lehrt das Wild mich jagen;
Der lehrt mich, werd' ich einst ein Mann,
Mich auch mit Männern schlagen;
Doch meine Mutter, – – frage nicht! –
Die ist das liebe Sonnenlicht;
Das tröst't mich, wenn ich weine!‹«

»›Mein Vater sang durch Busch und Feld
Einstmals die schönsten Lieder;
Mein Vater ist ein starker Held,
Schlug manchen Feind darnieder;
Doch meine Mutter, – – frage nie!
Manchmal im Traume seh' ich sie, –
Die ist ein schöner Engel!‹« –

Da sah sie auf mit nassem Blick,
Sah ihn so bangverwundert an;
Und schüchtern fragt er drum zurück:
»Was hat mein Lied dir Leids getan?«
Sie lächelt ihm in Tränen zu:
»Still ist des Grabes fromme Ruh!
Doch singe mir und sage, –
Sag an: Wer bist denn du?«

»›Ich weiß es, wo die Bächlein tropfen,
Verschlossen im kristallnen Schrein;
Ich weiß es, wo die Zweige klopfen
Im Berg nach Gold und Edelstein;
Doch, kehrt der junge Frühling wieder,
Dann laß ich Zwerg und Nixe sein
Und singe fröhlich meine Lieder
Im lichten, lieben Sonnenschein.‹«

»›Wild ist mein Sinn, und meine Freude
Der kalte, winterliche Forst;
Ich such' mein Glück und meine Beute
Im Bärennest und Adlerhorst;
Doch, kehrt der grüne Frühling wieder,
Dann laß ich Bär und Adler sein
Und singe fröhlich meine Lieder
Im lichten, lieben Sonnenschein!‹«

»›Die Brust im Kampfgewühle offen, –
Freut mich das schwirrende Geschoß;
Mein Sehnen all und all mein Hoffen –
Das ist ein Schwert und ist ein Roß;

Doch, kehrt der holde Frühling wieder,
Dann laß ich Schwert und Lanze sein
Und singe fröhlich meine Lieder
Im lichten, lieben Sonnenschein!«

Er lachte auf in heller Lust;
Da war er ja, der Sonnenschein!
Ihr zog's so freundlich durch die Brust,
Als schienen tausend Sterne drein!
Die Amme sah verwundert um,
Im Winkel saß der Pförtner stumm,
Der alte »Wächter« knurrte; –
»O laß dein Knurren sein!«

Und Märchen wußt' er, hold und hehr;
Er sang so manches frohe Lied;
Sie lauschte – fast, als betet' er,
Und ward zu lauschen nimmer müd';
Bald scherzten sie und herzten sich
Ein Elfenpärchen minniglich;
O Kinderzeit, du holde,
Die mit dem Winter schied! – –

Frühling war's, und mit des Baches Wellen
Plaudernd zog des Winters Freude heim;
Frühling war's und linde Lüfte schwellen,.
Fröhlich regte Knospe sich und Keim;
Nur ein Auge sah mit trübem Bangen,
Wie voll Blüten bald die Bäume prangen,
Wie so schnell die Blumen all genesen;
Winter war so freundlich mild gewesen.
Und – 's ist alles mit dem Schnee vergangen

Wenn das Flockenheer, das muntre, wilde.
Tanzte, daß der Sturmwind gellend lacht,
Oder wenn aufs weite Schneegefilde
Klar herniedersah die kalte Nacht,
Wenn der Frost sich träumend eine Rose
An die Scheiben malte, wie im Gram:

Dann, dann ging die Klinke leise, lose.
Und sie wußte, daß er wiederkam.

Aus der tiefsten Schlucht, den steilsten Gründen
Bracht' er Wild, das beste, das zu finden;
Lachend dankt der Pförtner ihm dafür;
Doch das Schönste, was er mochte bringen,
War sein fröhlich Herz, sein fröhlich Singen,
Und das alles, alles bracht' er *ihr*;
Wenn der weiße Schnee vor Kälte knarrte,
Wenn der Bach tief unterm Eis erstarrte
Und der Sturm sich mit den Flocken stritt,
Bracht' er Wachtelschlag und Maienlüfte,
Sonnenschein und süße Blumendüfte,
Brachte seinen ganzen Frühling mit.

Jetzt war's Frühling, Licht und Wärme draußen;–
»Wilder Junge, nur auf Bergen hausen
Magst du, nicht in engen, trüben Wänden!
Magst wohl lieber deine Lieder senden
Hoch vom Felsen in den blauen Lüften,
Magst das Echo wecken in den Klüften,
Oder in dem Wald, dem blütebunten –«
Und sie zählte lange, lange nach,
Zählte manche still verweinte Stunden,
Zählte Tage, Wochen, aber, ach! –
Frühling war's, – der Knabe war verschwunden!

Lerchen jubeln, Nachtigallen singen;
In des Forstes üppig grünem Schoß
Lacht die Sonne und die Knospen springen,
Und im Blütenmeer versinkt das Schloß;
Doch wenn abends noch die Wipfel glühten,
Schaut ein Auge nach dem fernen Tann;
Frühling, Frühling, geh mit deinen Blüten,
Daß es wieder Winter werden kann!

2. Der Schwur.

»Ich soll nicht geh'n! – hat er gesagt!– –
Im fernsten Tann hab' ich gejagt,
Mich freute nicht das Wild im Sprunge,
Wenn es vom Pfeil getroffen ward;
Der Adler zog in sichrem Schwunge
Vorüber in den Lüften; --
    O meine Hildegard!

Drum hat mein Vater nie geschaut
Dein blaues Aug'! Der Stimme Laut
Mocht' er im Walde nie erlauschen,
Wie weich sie klingt, wie minniglich
Durch aller Zweige düstres Rauschen!
Wohl lieb' ich ihn, von Herzen,– –
    Und doch nicht so wie dich!– –

Es war doch ein lustiges Leben
    Im Walde bei Hirsch und Reh,
Nicht Zeit, um Träume zu weben
    Aus Lust und Weh!

Wie hab' ich im Kampfe gedrücket
    Den Bären im nervigen Arm!
Wie hab' ich das Messer gezücket,
    Vom Blute warm!

Ha, denk' ich, wie oft ich blickte
    Im Wetter vom Felsendach,
Wenn der Sturm die Tanne zerknickte
    Und die Eiche brach! –

Wollt's unter mir brechen und sinken,
    Als ginge die Welt entzwei:
Laß den Tod und den Abgrund winken!
    Wie war mir so frei!

Sieh, dort die Tannen – dort das Schloß
Auf finstrer Kante, stolz und groß;
Ha dort – als wär' ein Sternenfunken
Gefallen in die Waldesnacht!
O laß mich, tief ins Moos gesunken,
Das helle Sternlein fragen,
Warum mein Lieb noch wacht?

Was bebst du auch herab zu mir,
Du scheuer Strahl, durchs Waldrevier?
O sag, ob wohl die Spindel leise
Ihr Märchen schnurrt aus alter Zeit?
O sprich, ob sie die fremde Weise
Versteht von Weh und Sehnen,
Versteht von Lieb und Leid? – –

Das war doch ein glücklich Träumen
Mit den Waldvögelein,
Wenn die Wipfel rot sich säumen
Im Abendschein!

Noch hör' ich die Wachtel schlagen,
Wenn dämmernd der Wald entschlief;
Noch hör' ich des Baches Klagen
Im Moose tief.

Noch ist mir, als leg' ich mich nieder,
Und aus dem unendlichen Blau
Sanken die goldenen Lieder
Wie Blütentau.

Wie hab' ich so gerne gesungen,
Frisch wie's aus dem Herzen quoll!
Wie hat es so fröhlich geklungen!
Wie war mir so wohl! – –

Was sie wohl denkt? – Daß sie noch wach,
Macht es ein Lächeln, macht's ein Ach?
Ob sie's wohl ahnet, – leis, – verborgen,

Und selbst dabei kaum wüßte: was?
Daß hier ein Herz in Gram und Sorgen
Verbluten will, das einstmals
In ihrem Auge las?

O still! das Sternenfunkeln lacht
So freundlich durch der Tannen Nacht;
So manche Blume blüht im Walde;
Nur zweier Sterne tiefes Licht, –
Nur du, Waldlilie, bleiche, kalte,
Von allen, die da blühen.
Die liebste, blühst mir nicht!

Wo ging sie hin, die Freude,
   Wenn der Wind in den Wipfeln braust?
Wo ist im Walde heute
   Die kecke Faust?
Wo sind die bunten Lieder,
   Der Berge klingende Luft?
Wer ist, der mir sie wieder
   Zum Leben ruft?
Nacht ist's auf Berg und Halde
   Geworden mit einem Mal;
Die Nebel steigen im Walde,
   Die Nebel im Tal.
Und wird es trüb und trüber,
   Was kümmert mich die Welt?
Es steht ein Stern darüber,
   Der sie erhellt!

Das Licht verlöscht, O geh zur Ruh,
Du frommes Lieb, Lichtelfe du!
Ums Fenster seh' ich's dort noch säumen,
Das Mondlicht; – flüstert's ein Gebet?
Was mag die Rosenknospe träumen.
Wenn eines Engels Atem
Um ihre Blätter weht?

Ja, träume du vom Blütenschnee;
Laß mir allein mein bittres Weh!
Wenn Stürme gell die Nacht zerreißen,
Der Waldbach braust im tiefen Schacht,
Wird's leichter wohl der Brust, der heißen –
Das Herz dir, armer Knabe,
Vielleicht zur Ruh' gebracht!

Und doch – 's wird nicht vergehen,
Was niemand lösen kann;
Kein irdisch Sturmeswehen
Zerreißt den Bann!

Ja, dürft' ich zu Füßen ihr sitzen
Und trinken der Sterne Licht
Und dürfte mein Blut dir verspritzen
Und du ahntest es nicht!

Ja, dürft' ich knien und schwören
Den glühenden, heiligen Eid,
Daß ich dir wolle gehören
In Ewigkeit!

Wer wehrt mir's, daß ich mich scheue?
Dein bin ich in Wetter und Not!
Du führe mich, heilige Treue,
Zum Leben, – zum Tod!

3. Des Vaters Schwert.

»Ich möcht' es jubeln durch Berg und Tal,
  Was ich in den blauen Sternen gelesen, –
Möcht's sagen dem goldenen Abendstrahl,
Möcht's singen den Blättlein, wohl tausendmal.
  Wie ich heute so glücklich gewesen!«

»Und sie hat mich geküßt! – O du holdes Kind,
  Goldlockiges, süßes, himmlisches Wesen!

Noch lauschet im Laube die Sonne so lind,
Noch fragen die Blätter, es horcht der Wind:
Warum ich so glücklich gewesen?«

»Und sie rauschen und raunen mir heimlich zu:
Wie mochte so schnelle das Herz dir genesen?
O schlummere, flüsternder Eichbaum du;
O Sonne, o Sonne, gehe zur Ruh;
Heut' bin ich so glücklich gewesen!«

Da lag es duftend ihm zu Füßen,
   Das grüne, heimatliche Tal;
   Die Wipfel neigten allzumal
Sich seinem Singen, seinen Grüßen;
Wohl mögen heut' das frohe Nah'n
   Die stummen Freunde kaum verstehen;
Denn wie sie heut' den Jungen sah'n.
So haben sie ihn nie gesehen.

Er hält zurück die flücht'gen Schritte,
   Er lauscht hinab ins Dämmerlicht;
   Dort, wo der Rauch aus Zweigen bricht.
Steht seines Vaters stille Hütte;
Dort rauscht am Fels der Bach vorbei,
   Mit dem er schon als Knäblein spielte;
Dort steht die Tanne keck und frei,
   Wonach der lust'ge Bube zielte.

Und dort die tausendjähr'ge Eiche, –
   Sie breitet übers schlichte Haus
   Die Riesenarme schützend aus,
Damit's kein wilder Sturm erreiche;
Noch wenn die Wälder kahl und nackt.
   Streckt sie zum Schirm dem Heimatsitze
Die Äste drohend, keckgezackt,
   Wie Gottes starrgeword'ne Blitze.

Ein Schwert, vielleicht der Schlachten Beute,
   Hängt am Gezweig, von dunklem Stahl;

Den Vater fragt' er manches Mal;
Der sagt' ihm nie, was es bedeute;
Doch hat er's bebend schon belauscht,
Wenn durch das Laub die Sterne scheinen;
Dann klingt das Schwert, der Nachtwind rauscht,
Und seinen Vater hört' er weinen.

Sieh dort! Ha – blinken so die Waffen?
Zwei Ritter reiten, hoch zu Pferd;
Fast hört er klirren Sporn und Schwert;
Die Ringe blitzen, die Agraffen!
Sie zieh'n vielleicht zu Kampf und Streit?
Sie mögen wohl vom Siegen kommen?
Und wie ein tief unsäglich Leid
Zieht's durch das Herz ihm, – bang, beklommen!

Noch strahlt im Blick der Liebe Sehnen,
Noch ist vom Lied das Echo wach;
Jetzt tönt ein schwerersticktes Ach
Und aus den Augen stürzen Tränen;
»Ein Schwert und eine Lanze gut!
»O daß ich auch ein Ritter wäre!
»Ich gäb' für dich so gern mein Blut,
»Und Hab' nur eine Bubenzähre!«

Er steigt herab. – Bei seiner Eiche
Steht dort des Vaters Kraftgestalt;
Der gleicht dem Stamme stark und alt
Und ungebeugt vom Wetterstreiche;
Er hört die Tritte, wohlbekannt;
Das greise herz schlägt lauter, schneller:
Es zuckt am Schwertesknauf die Hand
Und seine Blicke werden heller.

Wohl ist die Falte ihm geblieben
Ob seinem klaren Auge dort;
Wohl hat der Schmerz ein eisig Wort
Ihm in das Angesicht geschrieben;
Wer zählt die Stürme, welche schon

Dies frühergraute Haupt gegeißelt?
Wer kennt den Gram, den bittern Hohn,
Der diese Marmorstirn gemeißelt?

Doch konnte aus den treuen Augen
   Und aus dem freundlich ernsten Mund,
   Es konnte aus des Herzens Grund
Das Leben nicht das Leben saugen;
Und als der Junge näher kam,
War in dem Blick, dem stillen trüben,
Verschwunden all der herbe Gram
   Und nur die Liebe drin geblieben.

Das Schwert, das im Gezweig gehangen,
   hält heut' der Vater in der Hand;
   Der Knabe staunet unverwandt
Das Wunder an, mit Lust und Bangen;
Es wog die alte Faust den Stahl
   Und prüfend schau'n sich an die beiden:
»heut' seh'n wir uns zum letztenmal;
   Denn morgen, Junge, gilt's zu scheiden!«

»Ich hab' gesorgt für Schwert und Lanze
   Und für ein tüchtig Waffenkleid;
   Vorüber ist die Kinderzeit;
Nu ziehst zu andrem Spiel und Tanze;
Du zieh'st hinab den Bach entlang, –
   Dann donauaufwärts Tag' und Stunden;
Du zieh'st und ruhest nicht, solang'
   Bis deinen Kaiser du gefunden,«

»Sie wollten ihm die Krone rauben;
   Doch war nach jedem Schlage neu
   Des Volkes altgewohnte Treu
Und an das Volk sein fester Glauben;
Der hält das Banner im Gefecht;
   Wenn auch der Feind es überflutet:
Noch nie hat sich ein heilig Recht
   In einem heil'gen Kampf verblutet!«

»Wo heut' des Krieges Fahnen schwanken.
Das ist im Walde nicht bekannt;
Doch zieh getrost ins Bayerland,
Zieh hin nach Schwaben oder Franken;
Und findest du den Kaiser wert.
So beug das Knie, wie sich 's gebühret;
Du bringst ein altes, gutes Schwert
Und einen jungen Arm, der's führet!«

»Und fragt er nach den Wappenfeldern,
Fragt er nach deinem Stamm und Blut,
So sage keck und wohlgemut:
»Ich komme aus den deutschen Wäldern!«
Das Wappen, das dein Vater trug,
Es ist verhüllt, es ist gefallen;
Ihm sei dein blaues Aug' genug
Und deiner Locken goldnes Wallen!«

»Laß keinen Freund die Runen deuten.
Die auf der alten Klinge stehn!
Der Feind nur soll sie flammen sehn;
Dem zeige sie mit stolzen Freuden!
Im blut'gen Meer, Sturm um und um,
Ist es dein Anker und dein Ruder,
Ist es dein größtes Heiligtum;
Sei ihm getreu wie einem Bruder!«

»Und wenn vielleicht ein Heldenende
Dir auf des Pfeiles Spitze naht:
Der Erde laß die Erdensaat
Und gib den Geist in Gottes Hände;
Und dank dem Todesengel dann,
Dem blutigen, dem bitterherben:
Du hast gelöst den finstern Bann
Und ruhig kann dein Vater sterben!«

»Ja, Kind, vergiß niemals die Ehre
Des Stammes, die ich dir vertraut!
Sie sei dir eine Himmelsbraut,

Sei heilig dir, wie deine Wehre,
Daß nie im heißesten Gefecht
Dein alter Vater es bereue.
    Daß er dein Blut geweiht dem Recht
    Und Gott und unfrei deutschen Treue!«

Noch sprachen lange sie zusammen
    Von böser, sturmbewegter Zeit,
    Von Östreichs und von Bayerns Streit,
Und Volkmars blaue Augen flammen;
»O Kaiser Ludwig, Held voll Ruhm,
    Daß ich dein letzter Knappe wäre!«
Da gürtet ihm der Vater um
    Die klirrende, gefeite Wehre.

Die Kniee muß der Knabe neigen;
    Auf seine reichen Locken legt
    Der Vater ruhig, tiefbewegt
Die feste Hand in ernstem Schweigen;
Ihm ward, als trüg' ein sel'ger Traum
    Ihn hoch empor auf starken Schwingen;
Da rauscht der Wind im Eichenbaum
    Und leis hört er den Stahl erklingen.

4. Scheidend

Des Habsburgs stolze Banner wehten
    Vom Turm im Morgenwinde keck;
Es rufen lustig die Trompeten
    Im weiten Hof von Fichteneck.

Sie putzen rost'ge Hellebarden,
    Bis sie sich spiegelnd drin beschaun;
Sie wetzen aus dem Schwert die Scharten,
    Die sie im letzten Strauß gehaun.

Sie tummeln sich auf stolzen Rossen;
    Die Sporen klirren, froh und wild;

Laut grüßt der Freund den Streitgenossen:
Wohlauf zum nahen Kampf! Es gilt! – –

Im Prunkgemach beim Becher sitzen
    Der Graf und Adelbert, sein Gast;
Die trinken rasch, die Augen blitzen;
    Es fliegt das Wort in leichter Hast.

Den Grafen packt ein heimlich Bangen;
    Sonst zitterte der Degen nie;
Und du, – was rötet deine Wangen,
    Du bleicher Abt von St. Marie?

Sie sprechen nicht von künft'gen Schlachten;
    Da wär' der Graf so stille nicht,
Des Abtes schwarze Augen lachten
    Ihm nicht so heimlich ins Gesicht! –

Und halb verborgen träumt im Erker
    Dort still des Hauses schönes Kind;
Ihr junges Herz pocht wie im Kerker,
    So mild sie küßt der Waldeswind.

Sie hört nicht auf das Kriegsgewerbe,
    Sieht nicht im Hofe Zug auf Zug,
Stickt Tränen in die bunte Schärpe,
    Die ihres Hauses Farbe trug.

Das war des Kummers erstes Kosen;
    O Gott, wie eine einz'ge Nacht
So welk der Wangen Frühlingsrosen,
    So müd die nassen Augen macht!

Da hört sie ihren Vater gehen;
    Wie sich ihr Auge senkt und hebt,
Hat sie den Mund gepreßt gesehen,
    Und seine bleiche Lippe bebt.

So herb ist nie sein Blick gewesen,
    Sah er sein Kind, sein einz'ges, an;
So klar hat sie's noch nie gelesen,
    Wie, sie dem Vater wehgetan!

Ob flehend ihre Augen baten,
    Ob ihr das Herzblut zitternd stockt: –
O Gott, der Priester hat's verraten.
    Was er dem scheuen Kind entlockt!

Sie schreckt zusammen: »sieh dort unten, –
    Dort steht er, den du hast gemeint!
Er ahnte wohl, wie bittre Stunden
    Heut deine Hildegard verweint!«

»Nein, nein! Er lacht, als ging's zum Reigen!
    Er scherzet froh mit Hund und Pferd!
Mein Vater, nein! Ich will dir zeigen,
    Daß noch dein Kind des Stammes wert!«

»O laß mich büßen mein Verbrechen,
    Wenn Ruh' und Kraft ich wiederfind';
Dort steht er; – heut muß alles brechen;
    O Vater, halt' dein armes Kind!«

Der Vater nickt, die Knappen gehen;
    Noch einen Blick, – sie ist allein! –
Noch einmal soll sie ihn ja sehen – –
    Das ist sein Gang! – Er fliegt herein!

Er steht, er schüttelt seine Locken;
    Es klopft sein stürmisch Herz bewegt;
Die Lippen zittern halb erschrocken,
    Eh noch ein Laut sich leise regt!

»Mein Lieb, was soll die Träne taugen
    Auf deinen Wangen, also blaß?
Mein Lieb, was machte deine Augen
    Und meinen Himmel trüb und naß?«

»Du weißt nicht, daß wir scheiden müssen;
Doch diese Sterne klagen's mir;
Du weißt nicht, – 's ist mein letztes Grüßen;
Doch diese Perlen sagen's dir!«

Sie schaut ihn an, so ruhig stille;
Sie richtet langsam sich empor:
»Nein, daß wir scheiden, ist mein Wille,
Und daß Ihr geht, wußt' ich zuvor!«

Da schüttelt er die reichen Locken;
Es klopft sein Herz so bang bewegt;
Die Lippen zittern halb erschrocken,
Eh noch ein Laut sich leise regt.

»Was mußtest du herauf mich rufen
In dieses stolze Prunkgemach?
Stein ist die Halle, Stein die Stufen
Hier unter deines Vaters Dach.«

»Hier hörst du nicht die Tanne rauschen,
Die traulich flüsternd dich umzweigt;
Die Lerche kannst du nicht belauschen,
Die jubelnd auf zum Himmel steigt.«

»Hier siehst du nicht die blauen Weiten,
Der Berge fern erglühnden Schnee;
O Liebchen, laß uns so nicht scheiden.
Wenn ich für immer weitergeh'!«

Sie schaut ihn an, sie tilget stille
Die Träne in den Wimpern aus:
»Mein Glück ist meines Vaters Wille,
Und meine Heimat ist sein Haus!«

Und wilder schüttelt er die Locken,
Es bebt sein Herz, vom Sturm bewegt;
Die Lippen zittern bang erschrocken,
Eh noch ein Laut sich leise regt.

»Hier kann ich nicht dir Blumen bringen
  Vom Wald, die du am liebsten hast;
Die Lieder kann ich hier nicht singen,
  Die mächtig einst dein Herz erfaßt!«

»Ich kann dich nicht im Arme tragen,
  Wo du so warm, so sicher bist;
Ich kann dir nicht mit Küssen sagen,
  Wie lieb mir deine Liebe ist!«

»Der achtzehn Ahnen grämlich Grämen
  Blickt kalt auf unser Wohl und Weh;
O laß mich so nicht Abschied nehmen,
  Mein Liebchen, wenn ich weitergeh'!«

Da zuckt in ihr ein zürnend Hadern;
  Sie wendet rasch die Augen weg;
Es regte sich in ihren Adern
  Der alte Stolz von Fichteneck.

»O wohl hab' ich mich schwer vergangen,
  Daß liebend ich um dich geweint;
Mit Reue seh' ich's und mit Bangen,
  Wie treu mein Vater es gemeint.«

»Hast du den Frieden mir genommen,
  So ist's der Stolz, der mich erhält;
Geh hin, woher du bist gekommen, –
  In deinen Wald, in deine Welt!«

»Vergessen will ich deine Lieder,
  Vergessen deine Minne keck;
Du aber denke niemals wieder
  An eine Maid von Fichteneck!« –

Da kocht sein Herz, die Augen brannten.
  In seine Wangen stieg die Glut:
»Wohl, Jungfrau, hab' ich Euch verstanden!
  Der Pfeil war scharf, der Pfeil traf gut.«

»Die Wunde laß ich bluten gerne;
  Vergebt, daß ich Euch je betrübt!
Ich denk' nun Eurer in der Ferne; –
  Vergebt, daß ich Euch je geliebt!«

»Doch sollt Ihr nie Euch meiner schämen;
  Frei Blut durch diese Adern rollt;
Lebt wohl! Wir wollten Abschied nehmen, ..
  Lebt wohl! Ihr habt es so gewollt!«

Er neigte sich, – er ist gegangen,
  So leis; – sie hörte nicht sein Fliehn;
Still ist's und tot; – auf ihren Wangen
  Hängt eine Träne noch um ihn.

Der Waldwind rauscht, die Fenster klangen,
  Und welke Blumen mit ihm ziehn;
Still ist's und tot; – auf ihren Wangen
  Hängt eine Träne noch um ihn.

Des Vaters ernste Blicke drangen
  In ihrer Augen mattes Glühn;
Still ist's und tot; – auf ihren Wangen
  Hängt eine Träne noch um ihn.

5. Wandernd

  Jung Volkmar zieht den Bach entlang;
Er zieht hinauf den Donaustrom;
Es schallt sein fröhlicher Gesang
Auf Bergeshöhn, auf grünen Matten
Im frischen, freien Waldesdom.

  Jung Volkmar trägt in frohem Mut
Ein langes Schwert zur Seite stolz;
Leicht ist sein Schritt, leicht wallt sein Blut,
Seit in der Sonne warmem Scheinen
Ihm jeder Gram vom Herzen schmolz.

Jung Volkmar sucht vier Tage lang
Nach seinem Kaiser, seinem Herrn;
Vier Lieder er zur Laute sang;
Was hallt von Berg zu Berge
Bis in die Heimat fern.

1.

Ich wache auf; der Eichenbaum –
Der schüttelt sich froh im Morgenwind;
Du reichst mir herüber aus meinem Traum
Den Mund zum Kusse, du schönes Kind;
Und was mir ins Herz mein Träumen schrieb,
Der Traum verging, dein Bild nur blieb;
Drum hab' ich die ganze lange Nacht
An dich gedacht,
Mein Lieb!

Ich geh' so meiner Wege hin;
Die Fluren lachen, die Sonne lacht;
Kaum weiß ich, warum ich traurig bin
Und was das Herz mir schwer gemacht;
Wohin mich auch der Abend trieb: –
Der Traum vergeht, dein Bild nur blieb;
Drum hab' ich die ganze lange Nacht
An dich gedacht.
Mein Lieb!

Und wenn ich in Sturm und Wetter steh'
Und die Blitze jagen, der Donner grollt, –
Und wenn ich mit stillem Lächeln seh',
Wie's Blut mir über den Panzer rollt; –
Hell klang des Stahles letzter Hieb, –
Der Traum vergeht, dein Bild nur blieb;
Drum hab' ich die ganze lange Nacht
An dich gedacht,
Mein Lieb!

2.

Die Winde schwellen und jagen
 Auf Bergeshöhn in lustigem Chor;
Kampflieder, wettergetragen, –
 Die jubeln sie hell mir ins Ohr.

Und leise zu meinen Füßen,
 Da murmeln und murmeln die Wellen im Grund
Von weinenden Augen, von Küssen,
 Von ihrem rosigen Mund.

Die Lüfte rauschen und schwellen
 Und jauchzen und locken mit wildem Gebraus;
Still ziehen die träumenden Wellen –
 Die ziehn mir das Herz noch heraus.

3.

Ich hab' ein Schwert, – das will ich führen,
 Die alte Klinge, blitzeklar;
Und meine Laute will ich rühren,
 Wie keine noch gerühret war;

Wohl achten sie es wenig
 Was mich ins Leben trieb:
Das eine für meinen König,
 Das andre für mein Lieb!

Ich hab' ein Herz, – ich will es wagen
 Für sie an alles in der Welt;
Hab' eine Hand, – die will ich tragen
 In seiner Feinde Schloß und Zelt;
 Wohl achten sie es wenig,
  Was in den Kampf mich trieb:
 Das eine für meinen König,
  Das andre für mein Lieb!

Und wenn für sie in trübem Leide
Der Laute letzte Saite klingt,
Und wenn für ihn im letzten Streite
Mein treuer Stahl in Stücke springt,–
Wohl achten sie es wenig,
Was in den Tod mich trieb:
Das eine für meinen König,
Das andre für mein Lieb!

4.

Ich will nicht ruhn, noch rasten
Und werd' nicht müde sehr,
Wär' mir's von hundert Lasten
Auch um das Herz so schwer.

Ob dornig meine Fährte,
  Ob zitternd kracht der Steg,
Ob ich mit blankem Schwerte
  Mir bahnen muß den Weg, –

Ob hundert Blitze zuckten
  Im Astwerk grau und alt,
Ob alle Teufel spukten
  Im deutschen Eichenwald, –

Ob jeder Stern verschwinde
  Am Himmel, trüb und bleich,
Bis ich den Kaiser finde
  Vom heil'gen deutschen Reich!

Jung Volkmar trat am vierten Tag
Aus tiefem Waldesdunkel;
Hell jauchzt er auf; denn vor ihm lag
Ein lustiges Gefunkel;
Dort unten stand es, Zelt an Zelt,
Mit Wimpeln, zahllos bunten;
Dort unten lag die neue Welt,
Die endlich er gefunden.

Hei, die Trompeten schmettern drein.
Der Reiter Waffen blitzen!
Hei, tummeln sich in langen Reihn
Die flinken Bogenschützen!
Im jungen Herzen jubelt's nach;
Es jauchzt in Berg und Klüften;
Dort weht das Banner Wittelsbach
Stolz in den deutschen Lüften!

Horch, Pferdegetrappel! – ein stolzer Zug!
Rasch sprang der Knabe zur Seiten;
Im Schatten stand er, verborgen genug;
Mit Staunen sah er sie reiten!
Er sah nicht Purpur, er sah nicht Gold,
Nur blitzen die stählernen Ringe;
Er hört nicht Lauten, minnig und hold,
Nur rasseln Panzer und Klinge;
Er sah nicht Falken auf Frauenhand,
Nicht dienende Edelknaben,
Nicht tänzeln die Rosse im wirbelnden Sand;
Das war ein anderes Traben!
Es war kein Spiel, kein fröhlicher Reihn,
Kein Beugen zur Linken und Rechten;
Es schauten die Männer so düster drein
Als wollten sie lieber fechten!

Nur einem lächelt ein stolzes Glück
In des Auges freundlichem Sterne;
Nur einer schaute mit freiem Blick
In die wetterdrohende Ferne;
Drum flammt' es so blau, so siegesbewußt
Ihm unter der wallenden Feder;
Es wölbte so stolz die mächtige Brust
Sich unter dem Koller von Leder;
Es stand der Fuß mit sich'rer Gewalt
Im schlichten, ehernen Bügel;
Es trug die ganze, hohe Gestalt
So fest ihr kaiserlich Siegel.
Und Volkmar ward es, er wußt nicht: wie? –

Nicht tat er's in höfischen Sitten:
Im Dunkel der Eiche, da beugt er das Knie,
Bis sein Kaiser vorübergeritten.

II. Erwachen

1. Auf dem Altan.

Das Laub so gelb, – der Wald so bunt
Im Abendscheine, goldenrot!
O still mein Herz, so heiß und wund!
Vorüber ist vorüber –
Und tot! –

Das, Volkmar, war's, was du gelobt?
Das war die Treue, vielerprobt? –
Du glaubst: mir hab's nicht weh getan?
Sieh in dies Auge, tränensatt,
Sieh in dies Herz, so todesmatt, –
Und klag mich an!

Steig, Falke mit dem hellen Blick!
Denkt wohl mein Buhle fern an mich?
Was fragst du noch nach deinem Glück?
»Dein Buhle ist gestorben
Um dich!«

Und wo der Stolz, und wo die Kraft,
Die der Gehorsam mir verschafft?
Und wo die Grabesruh, so früh?
Dahin mit deinem letzten Blick!
O Volkmar, gib sie mir zurück;
Du nahmst mir sie!

Du wilder Wind, bringst kein Willkomm?
Bringst keinen Gruß aus weiter Fern'?
»O Maid, so trüb, – o Maid, so fromm, –
Noch will ich mit dir klagen –
Wie gern!«

Dort fließt der Bach, der oft gelauscht,
Wenn von der Tannen Nacht umrauscht

Die Laute klang so froh und klar;
Nu sangst von Minne; – stolze Maid,
Vorüber ist der Minne Zeit
   Auf immerdar!

  Traut Bächlein, plauderst viel talab;
  Weißt keins der alten Märchen mir?
»Die Mären ich vergessen hab';
  Doch will ich weinen, weinen
    Mit dir!« –

»Der Pfeil war scharf, der Pfeil traf gut;« –
Aus heißer Wunde rinnt das Blut;
Ist's deines, oder ist es mein?
Eins weiß ich, – stille, armes Herz!
Verblute du in Leid und Schmerz; –
   Ich drückt' ihn ein!

Still Lerchenruf, – still Wachtelschlag; –
  Warum wohl keines singen will?
Warum am lieben, lichten Tag,
  Ihr Vögelein im Walde,
    So still?

Ins Kloster soll ich: – o wie gern! –
Dort steigt er auf, der Abendstern;
Ade, du trauter Eichenwald!
Schlaft wohl, ihr Berge weit und breit!
Träum fort, du süße Einsamkeit; –
   Vergiß mich bald!

Was klagt's im Tann noch trüb und hohl?
  Was weint noch leis das Tal hinab?
O meine Lieb', leb wohl, – leb wohl!
  Vorüber ist vorüber –
    Im Grab.

2. Die Wacht.

Was war auf ödem Felde
In stiller Mitternacht; –
Es schimmert um die Zelte
Der Mond in klarer Pracht;
Der kühle Nachtwind' schwirrte
Im hohen Heidekraut
Und drüberhin verirrte
Sich müd der Waffen Laut,
Wenn hier ein Reiter träumend
Nach Schwert und Lanze griff,
Wenn dort ein Knabe säumend
Noch Speer und Pfeile schliff.

Das war des Kaisers Lager
Vom heil'gen deutschen Reich;
Die Rößlein waren mager,
Die Kämpen still und bleich;
Drum rauscht der Wind so bange,
Wie überm Kirchhof, her;
Drum war beim Waffenklange
Manch deutschem Herzen schwer.
Doch schlang der Nacht entgegen
Sich stets in lichtem Glanz
Bei Mondschein, Sturm und Regen
Ein stiller Flammenkranz;
Der Feuer leis Geglostchen
Strahlt ob der Heide weit,
Ein glühndes Paternoster,
Für Kampf und Tod gefeit.

Dort, wo der Feuer letztes
Aufflackt am schwarzen Stein,
Dort, wo ein frischgewetztes
Schwert blinkt im Mondenschein:
Dort saßen zwei beisammen
Und hielten treue Wacht;
Sie schürten gut die Flammen,

Vom Nachtwind angefacht.
Der eine – ein alter Degen,
Konrad von Staufeneck,
Der andre – jung, verwegen,
Ein Knabe, frisch und keck;
Der eine wohl ein Ritter
Mit blut'gem Wappenbild;
Der andre trug die Zither
Für den bemalten Schild;
Der eine aus rost'gen Klingen
Wetzt sich die Scharten aus;
Des andern lautes Singen
Schallt in die Nacht hinaus:

»Und ob du gesprochen
    Das bittere Wort,
Die Treue gebrochen,
    Den heiligsten Hort, –
Ob Felsen zerstauben,
    Der Erdball zerbricht,
Ich kann es nicht glauben,
    Ich glaube dir nicht!

Solange mein Minnen,
    Heizliebchen, noch hält,
Solang es da drinnen
    Noch brauset und schwellt,
Und den Himmel so wonnig
    Der Sternkranz umflicht,
Und die Halden so sonnig:
    Ich glaube dir nicht!

Was bebt' auch so leise
    Dein bleichender Mund?
Was pocht's dir so heiße
    Im innersten Grund?
Was flüsterten Tränen
    So klar und so schlicht

Von Hoffen, von Sehnen?
Ich glaube dir nicht!

Will Nacht mir umziehen
Die dämmernde Welt:
Zwei Augen, die glühen
Mir stets ins Gezelt;
Sie perlen, sie schimmern
Wie himmlisches Licht,
Und ich kenne das Flimmern,
Und glaube dir nicht!« – –

»›Du singst mir sond're Lieder; –
(So spricht der andre drauf
Und stützt die ries'gen Glieder
Auf seines Schwertes Knauf; –)
Dein Lieb mit goldnen Haaren,
Mit Äuglein, himmelblau,
Laß fahren, Knabe, fahren;
Das Feld ist ihr zu rauh;
Für Blumen, zart und minnig,
Ist unser Boden zu hart,
Und Lieder, weich und sinnig, –
Das ist nicht unsre Art!
Du kennst noch nicht die Wehre
Und ihre Klänge frei;
Du kennst noch nicht der Speere
Wild grause Melodei,
Hast, in den träumerischen
Gedanken ungestört,
Noch nie die Lanzen zischen.
Die Pfeile schwirren gehört!
Du träumst mit Kauz und Eule
Von Mond und Sternlein gern.
Dir schlug noch keine Beule
Der eherne Morgenstern!
Doch wenn ein Jahr gegangen
Ob deinem Träumen hin,
Wenn Stürme sich verfangen

In deinem Maiengrün,
Wenn rings der Tod geschäftig
An dir vorübermäht:
Hab acht, ob dann noch kräftig
Dein Lied zum Himmel weht?
Merk auf, ob dann noch mutig
Die volle Brust dir bebt,
Wenn an der Laute blutig
Dein junges Leben klebt!‹«

Der Knabe hört die harte,
Die rauhe Rede nicht;
Still in die Kohlen starrte
Getrübt des Auges Licht;
Und hin zum nahen Walde
Das Ohr halbträumend lauscht.
Wo durch die Felsenspalte
Der Bach vorüberrauscht,
Als müßte in den Gluten
Von ihr geschrieben stehn,
Als hört' er in den Fluten
Sich selbst vorübergehn.

Und wie da leiser, blasser
Die stille Kohle glomm,
Und wie das ferne Wasser
Aufbraust zum wilden Strom:
Da hat ihn bang ergriffen
Die nächt'ge Einsamkeit,
Da war, wie neu geschliffen,
Die Schärfe seinem Leid,
Da war der Blick so düster,
Der in die Ferne drang;
Es tönt, wie Grabgeflüster,
Die Stimme, da er sang:

»Mein Schwert, das wachte um Mitternacht auf; –
   Um Mitternacht lag. ich im Schlaf; –
Stahl ist seine Klinge und golden der Knauf;

Blutige Runen stehen darauf;
   Hat sie noch niemand gelesen!
Mein Schwert, – das wachte um Mitternacht auf;
   Ein Klang durchzuckte die Nacht:
Von eherner Spitze zum goldenen Knauf
Zittert's hinunter, zittert's hinauf;
   Ringsum bebte das Dunkel.

Das war ein Wort, das die Klinge sprach,
   Zauberlaute aus tiefstem Grund;
Kein Wehruf war's, kein bebendes Ach; –
Wenn jauchzend der Donner aus Wolken brach:
   Hast du die Stimme verstanden?
Das Wort riß jeglichen Nerv mir wach;
   Geisterstimmen, – sie schneiden tief!
Lange zittert's im Herzen nach;
Träumst du vom Tode, von blutiger Räch',
   O Bruder im ehernen Hause?

Schlummert die Erde noch weit und breit:
   Schlaf auch du noch einmal!
Morgen, morgen im wogenden Streit
Wird mir die Brust, die junge, geweiht;
   Schwert, o mein Schwert, ich verstand dich!
Klopfe nur munter die kleine Zeit;
   Dämmernd der Morgen schon graut;
Heute, heute, mein Herz, sei bereit;
Bist ja dem Siege, dem Tode gefreit;
   Heilig sind eherne Worte!«

   Und als das Lied verklungen.
Da schwieg der Alte lang;
Ihm war ins Herz gedrungen
Der düstre Grabgesang;
Sein Auge ruhte sinnig
Auf Volkmars schlanker Gestalt:
Es faßte ihn tief und innig.
Wie heilige Gewalt;
War es ein trübes Ahnen

Der Zukunft, dunkel, fremd, –
Hat ihm vergangnes Mahnen
Gepocht ans Panzerhemd?
Ob er sich an dem linden,
Dem leisen Lautenklang
Zurück, zurück mag finden
Zu Bildern, süß und bang?
Ob in des Knaben Zügen,
Dem träumerischen Blick
Sich stille Geister wiegen
Um ein begraben Glück?
Ob in des Zungen Klage,
In seiner Lieder Glühn
Längst verschwundene Tage
Dämmernd vorüberziehn?

Der saß auf seinem Steine
Und sann in trüber Ruh;
Es deckte der Hände eine
Die weiße Stirne zu;
Der blanke Schild, der hohle,
Entsank der andern Hand;
Kaum glimmte mehr die Kohle
Am Felsen, schwarz gebrannt;
Der Waldstrom in der Ferne –
Der rauschte, wie zuvor,
Und eisig schaun die Sterne
Hinter den Wolken hervor.
Da fuhr er auf, als schäme
Er sich der stummen Wacht,
Daß er sich kindisch gräme
Mit jedem Flüstern der Nacht;
Es klangen hell die Waffen,
Es klopft sein Herz so wild;
Da will er Ruhe schaffen
Dem Träumer und dem Bild
Und griff, ein muntrer Streiter,
Zum frohen Lautenklang;

Es scholl so todesheiter
Die Stimme, da er sang:

Ein sterbender Knab' an der Eiche lag
   Bei Wind und Regen im Morgenrot;
Dumpf rauschte die Nachtluft im dornigen Hag
   Bei Wind und Regen im Morgenrot;
Eine blutige Laute, – die ruht ihm zur Seit',
Es bebten die Saiten in Schmerz und Leid:
   »Mein Knabe, mein Knabe, bist tot?«

»Wie Liederlust hat's in mir gepocht
   Bei Wind und Regen im Morgenrot;
Wohl manneswert ich im Streite focht
   Bei Wind und Regen im Morgenrot;
Drum sing mir jetzt dein heiligstes Lied,
Eh's Herz mir verblutet; –, die Hand ist müd'; –‹«
   »Mein Knabe, mein Knabe, bist tot!«

»›Still, Harfe! Vernimmst du den nahenden Klang
   Bei Wind und Regen im Morgenrot?
Nie singst du dem Feinde den Siegesgesang
   Bei Wind und Regen im Morgenrot!‹«
Ha, schnitt da so grausig der triefende Stahl!
Da bebten die Saiten zum letztenmal:
   »Mein Knabe, mein Knabe, bist tot!«

Und die Feinde kamen, die Harfe lag
   Bei Wind und Regen im Morgenrot, –
Am blutigen Rain, am dornigen Hag
   Bei Wind und Regen im Morgenrot;
»Hei, singe du uns nun den Schlachtengesang!«
Da flüstern die Saiten gespenstig bang:
   »Mein Knabe, mein Knabe ist tot!«

   Ha! rief der Alte wieder,
Wie aus dem Schlaf erwacht, –
Wer gab dir deine Lieder?
Wer hat sie dir erdacht?

So rauschet nicht im Walde
Das muntre Blätterspiel;
Dein Singen auf freier Halde
Keinem Vögelein gefiel;
So flüstert nicht in Lüften
Die Nacht, mit Gold besternt;
Das hast du in murmelnden Klüften
Vom Bächlein nicht gelernt.
Ob dir den ersten Schlummer
Ein bittres Wehe fraß?
Ob Herzeleid und Kummer
An deiner Wiege saß?
Ob dir der Schmerz geflüstert
Im Traum dein erstes Lied,
Das leis noch und verdüstert
Die junge Brust durchzieht?
Laß fahren, Knabe, fahren
Die Mär' von Tod und Leid,
Laß sie den alten Jahren,
Laß sie der trüben Zeit,
Laß sie dem Aug', das trocken
Gelegt von Lust und Weh,
Laß sie den kargen Locken
Und auf dem Haupt dem Schnee,
Laß sie den zwanzig Narben
An dem zerhau'nen Leib,
Den Wangen ohne Farben
Zum stillen Zeitvertreib!
Und nimm die Hand, die – Treue
Dir bietet, schlecht und recht,
Und singe mir aufs neue
Ein Kampflied, froh und echt!

 Er sprach's und stille legten
Sie Hand in Hand zur Stund';
Die Lippen kaum sich regten.
Zu segnen ihren Bund.
Dem Alten, wie dem Jungen,
War's wundersam zumut.

Wie inniglich verschlungen
Das Aug' im Auge ruht.
Wie, Blau in Blau versunken.
Sich Blick in Blick ergießt
Und stille, freudetrunken
Des Morgens Ernst begrüßt.

Da griff er in die Saiten;
Es klang wie Sturmgebraus;
Die vollen Töne gleiten
Zum frühen Tag hinaus;
In durst'gen Zügen trinket
Sie auf – die luft'ge Fern';
Und still im Westen sinket
Der bleiche Morgenstern.

O Treue, du Blume auf deutscher Au',
So tief und innig wie Himmelsblau!

O Treue, du Stern vom deutschen Glück,
Du heller, du freundlicher Engelsblick!

Du hältst mit mir aus die längste Wacht,
Du wachest mit mir durch die düsterste Nacht.

Dir sing' ich fröhlich am jungen Tag,
Was er mir auch Blutiges bringen mag.

Durch Kampfeshitze, so bang und schwül.
Führst du mich sicher im Schlachtengewühl

Durch den Garten mit Röslein, blutigrot,
Mit ehernen Dornen, – so führ' mich zum Tod!

Und unter der Eiche und ohne Schrein
Möcht' ich am liebsten begraben sein.

Die Wurzeln halten mich sicher im Arm;
Es rauschet das Laub mir das Herz noch warm.

Und über der Eiche auf deutscher Au,
Da wölbet sich Gottes treu ewiges Blau.

3. Zu Köln

Ruhiger wird's noch nicht im Palaste der heiligen Köllen;
Glühen im rötlichen Glanz doch heute die gotischen Fenster
Fort, wie des Himmels Sterne, die erst am Morgen erlöschen.
Durch tiefdüstere Nacht! Ein frohes, geschäftiges Summen
Brandet, der Welle des Rheines vergleichbar, um die Gebäude
Jubelnd. Lauter erschallt, als sonst, der gewaltige Domplatz,
Wo kaum erst, überragend den Grund und weiß, wie der Marmor,
Fundamente, der künftigen Zeit urweltliche Pfeiler,
Riesig der Erd' entwachsen und Gassen bilden und Plätze,
Welche der staunende Blick durchflieget, des Felslabyrinthes
Sinnige Rätsel erforschend und Stein mit Steine verbindend
Durch der Gedanken Gewölb'; ein leichtes, ätherisches Bauwerk!
Heute – da stützen daran sich der Krämer erleuchtete Buden;
Heute – da hüpft auf schwankendem Seil der gelenkige Tänzer
Spät noch im Fackelscheine vom Pfeiler herüber, hinüber;
Heut' durchflieget der blitzende Bolz das blaue Gewölbe,
Welches der Himmel darüber gespannt. Dort jauchzet erschrocken.
Siehe, das Mädchen, erklimmend die Stufen künft'ger

Altäre,
Hier in den Krappen der Bube, daran er sich hängt wie die Dohle;
Hei, ein feuriges Schauspiel, darüber die Sterne erröten!
Sah man ein schöneres je sie beschließen, die Feste der Krönung?
Freu'n soll, freu'n sich in glücklicher Stadt Jung, Meister, Geselle;
Aber was flüstern sie leis und heimlich, die bärt'gen Gestalten?
Freu'n nur sollen sie sich! Was schleichet ein bleiches Gespenst dort
Durch hellachende Haufen, von keinem gehört, noch gesehen,
Bieget sich dort um die Eck' und duckt sich im finsteren Winkel?
Und hart streift es die fröhliche Menge, sobald sich ein Fähnlein
Eilenden, klirrenden Schritts durchdränget mit blitzenden Waffen,
Und dann steht wie erstarret der Jubel auf allen Gesichtern.
Lauert es nicht am Tore sogar und erschrecket die Wachen?
Sitzet es nicht auf der Kette der Brück' am sumpfigen Graben,
Neckisch schaukelnd? Und sieht's nicht hämisch hinein zu den Fenstern?
Waget es nicht sich hinein in die Freudengemache des Bischofs?

    Freilich, es ahnt's wohl keiner; es glänzt nur trunkene Freude
In dem beschatteten Auge der Herrn vom Heiligen Stuhle,
Wie in dem blauen, dem mutigen Blick der Ritter aus Deutschland,
Welche die Burgen am Rhein und Östreichs waldige Höhen

Fröhlich verließen, um keck jetzt Treue zu schwören dem Herzog
Und um die liebliche Herrin im deutschen Lande zu grüßen.
Sah man ein schöneres Paar, seit Eichen grünen in Deutschland?
Glänzte die Sonne des Glücks mit lieblicher rötenden Strahlen
Je auf Erden hernieder, als heut' im Saale des Bischofs?
Spät, Jahrhunderte später noch sangen es Lieder im Munde
Deines germanischen Volkes, du herrliche Blume der Ritter,
Wie dein Auge so schwarz, wenn's zürnte, – wie dunkel die Locke
Dir umrahmte die Stirne von Marmor, – wie keck du getragen
Szepter und Krone zu Köln. Und der Purpurmantel »Caroli«
Schien wie gegossen um deine so männlichen, herrlichen Glieder.
Doch leicht warfst du ihn ab auf des Stuhles seidene Polster;
Sehet der Jugend Gestalt blitzt unter den goldenen Ketten!
Seht, es verschwindet der Ernst um seine geschlossene Lippe
Und wie ein Sonnenblick fällt's brennend auf die Geliebte,
Und sie lächelte bange; des Auges perlende Tränen
Strömten die liebliche Wange herab: – »mein Herr und Gebieter!« –

»›Sei nicht traurig, mein Kind! Was fehlet, dich glücklich zu machen?
Gestern sahst du das Haupt des Geliebten die Krone der Erde
Tragen: – ha, beugte mein Nacken sich unter demante-

nem Drucke?
Und dir leg' ich sie heute zu Füßen, du Krone der Frauen,
Weil du von heute der freundliche Stern bist unserer Lande,
Du mir der köstlichste Stein in der funkelnden Krone des Reiches,
Du der »Waise«[2] – – – »des Glücks!‹« Sie lächelt es leise dazwischen. –
Er drauf:»›Bist du allein, wenn deine burgundischen Mädchen
Kränze dir winden und fröhliche Lieder singen der Heimat?
Bist du allein, wenn ich dir die stattliche Blüte der Ritter
Sammle von allen Gauen um deinen Söller am Hofe?
Wenn keck wiehernde Pferde sich jagen im mutigen Stechen
Nur um den Gruß, um ein Lächeln des wunderlieblichen Mundes?
Bist du allein, mein Kind, und einsam im Arme der Liebe?
Bin ich auch ernst, wenn ich oft der Zukunft droh'nde Gewitter
Mutigen, männlichen Sinnes betracht': – ich bin es um dich nur!
Bin ich auch stolz, wenn ich sehe die Mächte der Erde versammelt
Und vor dem Kaiserthrone sich beugend: ich bin es um dich nur!
Bin ich glücklich: ich bin's ja deinetwegen, Elisa!‹«

So im süßen Geflüster, im perlenden Blute der Reben
Alles vergessend umher, – so küßt' er die Träne des Glückes
Von der errötenden Wange der Herrlichen, Einziggeliebten.

---

[2] »Waise« hieß der kostbarste Edelstein in der deutschen Kaiserkrone.

Adelbert sah's und lachte, der Kanzler und Abt von Maria,
Beugte sich vor und sprach zu des Sprengels erlauchtem Prälaten,
Der nicht teilte die Freude des Fests und düsteren Auges
Schaute hinab ins schwärzliche Rot des schäumenden Weines:
»Seht, mein Fürst, wie sie kosen! O Liebe, du göttliche Narrheit,
Nur auf die Erde gesandt, um die Herren der Welt zu betören
Und um die Krone des Siegs dem ruhigen Sinne zu bieten!
Sprecht: was seid Ihr so trüb? Dies Fest ist der Kirche geheimer
Krönungszug, mein fürstlicher Freund! Laßt ihnen das Flimmern,
Laßt ihm das wonnige Glück und seid mit dem Herrschen zufrieden!
Ja, dem Verstande die Welt! Und der Narrheit lasset das Spielzeug!
Teilet die Freude, zerstreut die sorgengeborene Falte!
Sehet, die Macht und der Glanz ringsum – dies alles ist unser.
Drüben – der Graf von Calw, – wie mit ernstem, würdigem Schritte
Wandelt er auf und nieder, und morgen geht er ins Kloster,
Welches die Hälfte vor ihm von der stolzen Grafschaft verschlungen;
Und er danket es Gott noch, ein Laienbruder zu werden!
Dort – der lustige Trinker aus Rheineck, – hört Ihr ihn lachen?
Sehet Ihr ihn dem errötenden Fräulein bieten den Humpen?
All sein Hab und Gut ist dem Kloster in Fulda verpfändet!

Armer Teufel, – er lacht! O Liebe, du göttliche Narrheit!
Fichteneck dort – ja *der! Der* lacht nicht; gestern erhielt er
Just von dem einzigen Kinde, der Erbin unschätzbarer Güter,
Die bei mir, im Kloster zu Wien, eine kindische Liebe,
Wie ich ihm sagte, verschmerzt, – ein Blättlein, getränket in Tränen,
In dem erbaulichen Stile, den anfangs alle noch seufzen.
Gott mag wissen, wie dieses der frommen Äbtissin entwischt ist!
's ist sein einziges Kind und er hängt dran wie ein Verliebter;
Aber bedenket: er brachte das Wischlein, daß ich es lese, –
Ganz mit der Miene des Grames; – dem martialischen Antlitz
Stand's nicht übel; (Ihr wißt: ich liebe die Künste der Maler!)
»Nehmet sie heim,« sagt' ich, nachdem ich die Zeile gelesen; –
»Stürzt sie zurück, das törichte Kind, in die Torheit des Lebens,
»Weil's Euch bittet! Ihr seid kein Mann, Herr Graf, noch ein Vater!«
Sagt' es, wandte mich ab und ließ ihn stehen am Fenster.
Heut' nun sprach er leise zu mir: »»so vergebt es dem Kinde;
»»Aber o heilet sie mir, und sollt' sie im Schleier genesen!««
Und ich sag' es Euch, Herr! – Die Grafschaft sucht ihre Grenzen!
Trinket, trinket! Ich kenn' trotz meinem geistlichen Kleide
Schwert und Lanze genau und tummle die Pferde, wie einer,
Aber es ist der stolzeste Stolz, unsägliche Wollust –

49

Herrschen, ohne die Hand im bäurischen Streite zu
rühren;
's ist ein unnennbar großes Gefühl, der Kirche zu die-
nen!« –

– »Wahr, (entgegnete drauf in trüberem Tone der
Kurfürst:)
Wenn sie, ein ehernes Bild, aus einem Gusse gegossen,
Fest, unwandelbar steht im Meere der stürmischen Zei-
ten;
Doch wenn innen im Marke des künstlichen Baues ein
Stein nur
Morsch wird, leise sich neigt und ausbricht, – wehe
dem Ganzen!
Habt Ihr die neueste Schrift schon gesehn von den
Franziskanern?
Gott vertilge die Rotte des Korah mit Schwefel und
Feuer!
Wie sie Partei drin schändlich ergreift – ein rasender
Wahnsinn! –
Ja, für den Bayern ergreift und bekämpfet die Rechte
der Fürsten, –
Wie sie der Kirche verworfenen Feind zum Kaiser er-
kiesen,
Wie sie die Völker erregen und Krone, Tiare nicht
scheuen!
Ist auch unser der Adel, – vergesset die Städte, das
Volk nicht!
Blutige, gräßliche Zeit, wenn Kutte die Kutte befehdet!
Denket der mächtigen Städte, des Volks!« Und Adel-
bert lachte:
»Denket des Felsens, woran ja noch alle die Stürme zer-
schellt sind!
Unsere Macht wird nimmer gebrochen mit Schwertern
und Stangen;
Denn was sie schuf, war nicht die Gewalt. Ihr kennet
die Sage, –
Ohne Vergleich! – daß einer hinaus muß, wo er herein
kam.

Laßt sie sich ruhig verbluten im traurigen Streite der
Waffen;
Nur um so mächtiger hebt sich der alte, der heilige
Phönix;
Ja, ein unnennbar großes Gefühl, – der Kirche zu die-
nen!«

Also flüsterten leise die Zween, und Becher an Be-
cher
Ließen sie heimlich erklingen, daß zürnend schäumte
der Rheinwein.

Und noch ein anderes Paar lauscht nicht auf die
Zimbeln. Der eine
Dort im rötlichen Dunkel der Purpurtapete verborgen,
–
Leopold war es, des Herzogs Bruder, der Adler des
Hauses
Österreich. Zwiefach brannte die Glut des verdüsterten
Auges
Ihm aus dem bärt'gen Gesichte, so oft er hinüber im
Saale
Schweigend schaute zum Bruder und dann sein Blick
an dem Purpur
Dürstend hing, der lose der kräftigen Schulter entfallen;
Dann wohl zuckte vor Freuden ein Blitz ihm über das
Antlitz,
Wie wenn ferne Gewitter dahinziehn am Horizonte,
Fichteneck aber, – die Arme gekreuzt, ganz ruhig, ge-
lassen, –
Jeglicher Schritt und jegliches Wort der markige Krie-
ger.
Weniges red'te das Paar, doch schwere, gewaltige Wor-
te.

– Fichteneck also begann: »ich sagt' es ihm offen und
ehrlich;
Torheit war es, um eines so eitlen, so kindischen Trau-
mes

Willen der Löwenhöhle zu nahn; jetzt hat er die Folgen!« –

– »›Habt Ihr Kunde vom Feind?‹« – »Noch nicht; er bringt
sie wohl selber;
Alle die Leute vom Rhein sind nicht auf unserer Seite
Und sie verraten ihn nicht und lag' er uns heut' vor
dem Tore!« –

–»›Ha, dies Volk! O verdammt! Ich hass' und achte
die Bauern,
Seit ich gekämpft und geblutet bei Sempach.... Saht Ihr
die Schanzen?
Halt sich Köln?‹« – »Ich komme vom Wall; 's ist nicht
zu verteid'gen.
Blutige Tage im offenen Feld, ein ehrlicher Rückzug,
Mehr ist nicht zu erwarten. Ich wollt', wir wären in
Schwaben.« –

Leopold schwieg, tiefernst das Getriebe, das bunte,
betrachtend
Und um den Bruder erstickend ein bitterfreundliches
Lächeln.
Fichteneck griff an die Seit' und allzeit zucket es leise
Ihm um die Lipp'; ihm fehlte der treue Genosse der
Schlachten;
Klirren hört' er ihn nicht; drum deucht' ihm so stille der
Lärm rings;
Trinken mochte er nicht; schlecht mundet' ihm heute
der Rheinwein.
Und doch tönten im Saal stets lauter und lauter die
Pauken
Und doch strahlte die trunkene Lust stets heller und
heller
Aus manch glühendem Sterne, der heut am goldenen
Himmel
Einer so wilden, so glücklichen Nacht der Liebe, des

Weines
Aufgang. – –

Weitauf flogen die Türen im Saal; laut klirret ein Degen;
Helmlos, wirren Gewandes im ehernen Panzer und Halsberg
Stürzet ein Ritter herein; – »Verrat! – Verrat! – Zu den Waffen!«
Gellt ein Schrei ins Gewühle der klingenden Pauker und Zimbeln,
Und durchs offene Tor, von keinem Menschen erblickt noch,
Schlüpfet das grause Gespenst, das dort auf den Ketten der Brücke
Stille gesessen, herein und riesen-, riesengestaltet
Richtet sich's plötzlich empor und greifet nach Becher und Harfe,
Schmeißt sie zu Boden, und grinset sie an, die erstarrenden Gäste,
Lautlos, langsam bewegend das Haupt, – der lebendige *Schrecken!*
Polternd stürzet ein zweiter herein: »sie steigen auf zwanzig
Leitern über die Wälle, die Mauern; die Wachen erliegen!
Ihnen voran, wie ein Teufel, ein blonder, lockiger Junge;
Und so ein alter Kerl, großäugig, ein riesiger Recke,
Hinter ihm, – Kurt von Staufeneck war's; ich kannte die Klinge; –
Schmeißt mir ein Dutzend Knechte, wie Kälber, die Mauer herunter
Und: »zu den Waffen!« gurgeln die Kerl', im Schlamme versaufend;
»Auf! zu den Waffen!« schrei' ich; »es gilt ein ehrliches Fechten!«

Sprach's und bleich, wie der Tod, und zurückgesunken im Stuhle
Stammelt der Bischof: »Flieht! In die Kirchen! Betet, ach betet!
Läutet die Glocken zusammen und betet!« – –
»›Trompetet! Trompetet!‹«
Donnert dazwischen Leopold auf; »›und die Gatter herunter!‹«

Aber den mutigen Blick auf die liebliche Jungfrau geheftet
Richtet sich Friedrich auf. Wie flammte das Auge! Wie hob sich
Mächtig die Brust und sprengte des Kollers seidene Litzen:
»Danket es Gott, ihr Herren! es gilt ein ehrliches Fechten!
Schnell, wie der Wind, war stets mein tapferer Vetter von Bayern;
Sei's drum! Wahrlich, ihr habet des Feinds euch nimmer zu schämen.
Brücken herauf, bis wir uns gesammelt! Frisch mit dem Schwerte
Schlagen wir durch und ginge der Weg durch Heere der Hölle!
Leopold, du mein mutiger Adler, führe die Vorhut;
Fichteneck decket den Rücken; denn keinen festeren Heerschild
Weiß ich als die getreueste Brust des treusten der Ritter;
Und in die Mitte – da nehmet die Krone des heiligen Reiches,
Nehmet das Heiligste *mir*, – dich, herrliche Krone der Frauen!«

4. Die Sendung.

Wer hat den Kaiser Ludwig so düster je gesehn?
Sie hatten ihn verlassen; er will zur Ruhe gehn;

Der Schlaf konnt' ihn nicht finden, der durch das Lager ging;
Das war, seitdem der Purpur die Schulter ihm umfing;
Es stand auf seinem Feldtisch der Schlaftrunk unberührt;
Das war, seitdem das Szepter des Reiches er geführt;
Die Sorge hört er schleichen durchs Zelt, am Stab gebückt;
Das war, seitdem die Krone des heil'gen deutschen Reichs ihn drückt.

Wer hat ihn je gesehen so finster und so blaß?
Sonst flammten seine Augen in Liebe, wie in Haß; –
Wer je die Lippe beben, die sonst so fest befahl?
Wer je des Grames Falten auf dieser Stirn von Stahl?
Drum sind sie schlafen gangen die Ritter von seinem Lehn,
Die ihm um Reich und Krone zur Seite sollten stehn,
Die aus demselben Munde und aus demselben Blick
Sich Kraft geholt und Stärke für jedes Kampfes Mißgeschick.

Durch seines Zeltes Spalte scheint voll der Mondenschein;
Von klaren Sternen dringet ein Gruß zu ihm herein;
Wohl schaut der blaue Himmel ihm treu ins Angesicht;
Heut' tröstet ihn die Farbe der alten Treue nicht;
Er stützt in beide Hände das Haupt so kummervoll;
Er lauscht, wie leis von außen des Knappen Sang erscholl;
Er lauscht und sinnet wieder; ihm ward so weh, so weich,
Als müßt' er Tränen weinen, der Herr vom heil'gen deutschen Reich.

»Es knistert im Winkel, es raschelt im Stroh; –
Gefangen! Gefangen!

Wo weilet ihr, Tage, so sonnig und froh?
  Gefangen! Gefangen!
Da die Fluten der schäumende Drache zerschnitt,
Da mein jauchzender Jagdzug die Fluren durchritt
  Und die Hörner der Freude mir klangen?

Und er drücket ans Gitter das lockige Haupt;
  Gefangen! Gefangen!
Mein Volk ist zertreten, die Krone geraubt;
  Gefangen! Gefangen!
Nur einen weiß ich, der Treue mir hält;
Der suchet mich sicher in weiter Welt
  Und ich harre und hoffe mit Bangen.

O Heimat drüben im Sonnenlicht!
  Gefangen! Gefangen!
O du freie Flut, die am Fels sich bricht!
  Gefangen! Gefangen!
O trag meine Grüße, du eilender Sturm;
Er wird mich nicht finden im einsamen Turm,
  Bis ich zu Grabe gegangen.

Öd ist mein Leben, der Hoffnung entlaubt;
  Vergessen! Vergessen!
Drum hab' ich umsonst an die Treue geglaubt;
  Vergessen! Vergessen!
Es war eine schimmernde Perle von Schaum;
Ich habe gebüßt den goldenen Traum,
  Den ich geträumet vermessen.

Gestorben ist er ja nimmermehr;
  Vergessen! Vergessen!
Wär' er treu, – es käme sein Geist hierher;
  Vergessen! Vergessen!
Der hätte stille bei mir gewacht,
Er hätte manch lange, manch öde Nacht
  Auf meinem Lager gesessen.

Und er drückt ans Gitter das Haupt, schneeweiß;
Vergessen! Vergessen!
Er sah noch hinüber, er flüsterte leis:
Vergessen! Vergessen!
Die Heimat glühet im Abendrot,
Und der treueste Freund ist doch der Tod;
Der wird mich ja nimmer vergessen!

Am Turme raschelt's; das Gitter bricht;
Gerettet! Gerettet!
Es, tritt herein im Mondenlicht;
Gerettet! Gerettet!
»Grau bin ich geworden; doch bin ich am Ziel;
»Ich habe gewonnen das lange Spiel;
»Ich habe mein Leben gewettet.«

Und der Nachen durchschnitt die schlummernde Bucht;
Gerettet! Gerettet!
Wohl war's eine stille, heimliche Flucht;
Gerettet! Gerettet!
Sie fahren hinüber im Mondenschein;
Der graue Schiffer zieht's Ruder ein;
Das Bot liegt am Strande gekettet.

Und die Leiche trägt er schweigend ans Land;
Gerettet! Gerettet!
Zwei Gräber scharret er in den Sand;
Gerettet! Gerettet!
»Mein heiliges Wort, – ich hielt es dir;
»Ruh' sanft, mein Bruder; hier schlafen wir
»In freie Erde gebettet.«

»Herein, mein trauter Knappe! herein, mein Sänger wert!
Herein, du junger Degen mit deinem alten Schwert!«
Der König lacht's, halb spottend; das war so seine Art;
Der Stirne Falten schwinden, er strich vergnügt den

Bart:
»Ich gab' dich liebgewonnen mit deinem Lockenhaar;
Ich sehe manchmal gerne dein blaues Augenpaar;
Ich kann den Schlaf nicht finden; es ist nicht meine Zeit;
Du solltest sie mir kürzen; drum sitz' und trinke mir Bescheid,«

Jung Volkmar trat zum Tische; mit Züchten er sich neigt;
Er fühlt es, wie zum Herzen das junge Blut ihm steigt;
Er griff zum vollen Humpen, er trank mit kräft'gem Zug,
Eh' er das blaue Auge auf zu dem Kaiser schlug.
»Ich brauch's Euch nicht zu sagen, nach was mein Sinnen dürst't;
Ihr habt mir mehr gegeben, mein kaiserlicher Fürst;
Den Trunk aus Eurem Becher, von Euren Reben gut, –
Den will ich Euch bezahlen mit meinem eigenen jungen Blut!«

Da lachte Ludwig wieder; doch ernster war sein Blick:
»Erzähle drum mir endlich dein wunderlich Geschick,
Was mir so treuen Diener wohl zugeführet hat!«
Da schüttelt seine Locken der Knappe, wie er bat:
»Was kann es Euch doch frommen, woher ich kommen bin,
Wer meine Väter waren, – wenn ich Euch treulich dien'?
Und wenn ich für Euch sterbe, – wo ich geboren ward?«
Der Kaiser drauf erwidert: »Das ist die echte deutsche Art«.

»Die Hab' ich lieben lernen an meinem Friederich,
Als er noch keine Stunde von meiner Seite wich,
Als wir noch Lanzen brachen im lustigen Turnei;
Wir dachten nicht, wie blutig der Ernst des Lebens sei;
Wir sangen manche Lieder aus Zeiten alt und neu.
Von Kampf und Ritterehre, von heil'ger deutscher Treu';
Wir haben uns geschworen, – ein Lied hat das gemacht, –
Zu sein, wie Waffenbrüder, im Leben und in Todesnacht.«

»Ob uns auch auseinander der Sturm geworfen weit, —
Wir hatten fortgesponnen den Traum der Kinderzeit;
Wir liebten fort, wie einstens; wir haben fortgeglaubt,
Bis du, mein Bruder Friedrich, mir meinen Traum geraubt;
Bis sie mich auserkoren zum König in freier Wahl,
Bis ich dafür geboten mein Wort und meinen Stahl;
Und das werd' ich trotz Kämpfen und Jammer, Hohn und Spott –
Ich werd' es wieder lösen; das helf' mir der allmächtige Gott!«

»Du hast ihn mir geboten; ich nahm den Handschuh auf;
Ich stütze mich nicht einzig auf meines Schwertes Knauf;
Es mögen lichter werden der Ritter treue Reihn;
Ich werde drum nicht wanken; das Volk, das Recht ist mein;
Ob Blut im bösen Streite spritzt unterm eignen Dach,
Ob mir zu bittrem Leide der Freund die Treue brach,
Ob mir ihr giftig Hassen die Kirche zugewandt:

Ich werd' nicht sinken lassen mein großes, deutsches
Vaterland.«

    Da ist er aufgesprungen, der ritterliche Held;
Als würd' es ihm zu enge, so riß er auf das Zelt;
Es lag in stiller Ruhe vor ihm das weite Land;
Die weißen Nebel stiegen, der Mond darüber stand;
Er hob den Arm zum Himmel, ein mächtig Heldenbild,
Und: »einig! einig!« flüstert's, wie im Gebete mild;
Jung Volkmar stand zur Seite und wagt zu atmen kaum;
Er war so groß, so heilig, der stolze, kaiserliche Traum.

    »Du sollst! Ich will es wagen! (So rief der König laut;)
Auf, Knappe, sattle, reite, noch eh der Tag ergraut,
Nach Wien, die Donau nieder; such' ihn in Wald und Feld;
Dring' ein in seine Hofburg und in sein Herzogszelt.
    Noch einmal, eh wir ziehen das Schwert zum letzten Streit,
Will ich den Herzog mahnen an die Vergangenheit;
Ob auch der schlimmste Teufel den Sinn ihm hat betört:
Noch einmal will ich kühnlich stürmen das Herz, das mir gehört!«

    »Das Lied, das du gesungen mir in der vor'gen Nacht,
Das war's, bei dessen Klängen wir unsern Bund erdacht;
Das hat ein Sangesmeister uns Knaben einst gelehrt;
Mir ist's ein dunkles Rätsel, wo du das Lied gehört;
So oft wir Abschied nahmen, so oft wir gingen zur Ruh,
So oft wir wiederkamen: wir sangen's leis uns zu;
So oft wir scherzend zürnten, war's unser Nachtgebet;

Wir hielten's heimlich heilig wie ein geweihtes Amulett.«

»Das sollst du vor ihm singen, mein Edelknappe wert,
Das wird ihn besser treffen als Lanze, Pfeil und Schwert;
Das ist die Zauberformel für jenen finstern Bann,
Wenn etwas noch auf Erden ihn draus erlösen kann.
Ich hab' dem deutschen Volke mein alles zugewandt;
Der freien Männerehre vertrau' ich Leib und Land;
Sie schütze Kron' und Leben mir in dem schlimmsten Streit;
Wir will ich anvertrauen mein Herz in dieser bösen Zeit.«

Ha, wallte da dem Knappen das goldestreue Blut!
Ha, jagt's ihm durch die Adern wie heil'ge Feuerglut!
Er sank ins Knie, er schwenkte die alte Wehre blank:
»Daß Ihr mich reiten lasset, sag' ich Euch ewig Dank«.
Er wollte mehr noch sagen, als er das Wort verlor;
Der Kaiser zieht ihn lächelnd mit mildem Blick empor;
Es zuckt ihm um die Lippen geheim wie Lust und Schmerz;
Fast hätt' er ihn gezogen fest an das kaiserliche Herz.

Der Knappe geht zu rüsten; der Kaiser sieht ihm nach;
Drauf sinkt er müd zu Bette und Träume werden wach;
Er sieht den Jungen reiten, ihm wird so wunderbar,
–
    Er sieht zwei blaue Augen, ein blondes Lockenhaar;
–
    Es klingen alte Lieder in heimatlichem Weh;

Ihn führt im Dämmerlichte die allerschönste Fee,
Und leis durch Kampf und Bluten, durch Gram und Herzeleid
Führt ihn ihr blaues Auge zurück zum Spiel der Kinderzeit.

5. Ave Maria

Ave Maria! Du heilig Bild
Trockne die Quelle
Der Tränen mild;
All die geflossenen zähltest du;
Vergib dem Herzen, das ihn nicht läßt,
Vergib dem Auge, von Sünde genäßt,
Vergib dem Munde, der ewig klagt!
Ave Maria! Blicke nieder,
Engelreine, heilige Magd;
Gib mir wieder
Meine Ruh!

Kannst du nicht vorüberziehen,
Holder Lenz, an diesen Mauern?
Müssen meine Blumen blühen
Zum Verbleichen, zum Vertrauern?
O was muß dein warmer Drang,
Frühlingsodem, mich durchbeben?
Muß er doch, wie Seufzer, bang
Durch die Klostergänge schweben.

Ave Maria!
Rosenblüten, todesblaß
Opfr' ich dir auf kalter Schwelle,
Nicht von Tau, – von Tränen naß;
Doch auch Tränen perlen helle;
Trockne du die Blättlein dir.
Wenn sie sündig dir erscheinen;
In den Augen laß sie mir,

Muß ich still die Nacht verweinen;
Ave Maria!

Magst mit milder Allgewalt
Purpurn dir die Knospen säumen:
Meine Wangen, bleich und kalt,
Laß von Tod und Grabe träumen;
Laß den Duft Gebet dir sein,
Der sich hebt zum Himmelsglanze;
Mich laß stille und allein
Sterben unterm Dornenkranze.

Kein Seufzer verweht.
Was das Herz mir bricht;
   In Tränen vergeht
   Mein Kummer nicht;
All die geflossenen zähltest du;
Trockne die Wangen, von Sünde genäßt;
Heile das Herz, das ihn nicht läßt;
Über den Sternen bin ich dein;
   Ave Maria! Hab' Erbarmen;
   Himmelskönigin, engelrein,
     Gib der Armen
      Die ewige Ruh'!

III. Der erste Gang.

1. Vorüber.

»Und daß mein Lieb zum Teufel ging
  Mit ihrem wälschen Reiter,
Des ist mein Sorgen gar gering;
  Die Luft ist wieder heiter.

Was hätt' mit Tränen ich gemacht,
  Mit ihrem Flehn und Bitten?
Ich hätt' geküßt, ich hätt' gelacht,
  Und wär' davongeritten.

Statt daß sie mir am Halse hing
  Und weinte, war's gescheiter,
Daß sie bei Zeit zum Teufel ging
  Mit ihrem wälschen Reiter.«

Das Lied aus lust'gen Knappenzeiten, –
  's war wohl sein einzig Minnelied; –
Es sang's der alte Kurt beim Reiten,
  Er sang es, wenn das Rößlein müd;
Jetzt brummt er's mürrisch durch die Zähne
Und kraut dem Rappen in die Mähne;
  Sie waren weit geritten.

»Der Platz gefällt mir nicht zum Rasten;
  Ich wollt', wir ritten noch ein Stück;
Der alte, schart'ge Mauerkasten
  Da droben kündet mir kein Glück;
Wir sind nicht mehr in meinem Schwaben,
Wer weiß, was die für Farben haben
  In ihrem Felsenneste?«

Ein Anger war es, grün und duftig;
  Jung Volkmar blieb verschlossen, stumm;
Ein Turm ragt drüber, stolz und luftig;

Jung Volkmar sah nicht auf, noch um;
Die Pferde grasten ohne Zügel;
Die Sättel hängt er auf, die Bügel
  An einem Lindenaste.

»Sei munter, Junge; weg die Grillen!
Weiß Gott, ich kenn' dich heute nicht;
Laß ich dir doch den närr'schen Willen
  Nur um dein heiteres Gesicht;
Sieh du zu, was mit uns noch werde!«
Und dröhnend warf er sich zur Erde
  Und reckt die ries'gen Glieder.

Und Volkmar lachte; durch die Wangen
  Jagt röter ihm das junge Blut:
»Du sollst mir heute nacht nicht bangen,
  Ob man hier warm und sicher ruht;
Da! Nimm das Horn! Der Wein tut Wunder!
Ich bring' dir's noch vom Berg herunter,
  Was die da droben denken.«

Da, halb erschrocken, lacht der Degen:
  »Ho ho! mein Junge, fein gemach!
Es käme mir gerad' gelegen,
  Bringt man dich droben unter Dach!
Das ist die Jugendnarrheit wieder,
Der alten Leier alte Lieder;
  Wir sind in Feindesländen!«

Doch um die schlanken Hüften schnallte
  Der Junge fest das lange Schwert;
Die Klinge klirrte, daß es schallte;
  Es lauscht am Bach das treue Pferd:
»So steckt mir's halt im deutschen Blute!«
Und beut in keckem Übermute
  Die Rechte dem Kam'raden.

Kurt schwieg; er sah ins Auge mitten,
  In das er schon so oft gesehn;

»Frag nicht!« stand dort, wie leises Bitten,
　So klar, – er mußt' es wohl verstehn;
Das Lächeln bat es, das gepreßte,
Der Hände Druck, der warme, feste,
　Und schweigend nickte der Alte.

Und Volkmar ging. Der andre brummte
　Noch lang in seinem grauen Bart,
Und durch den starren Schädel summte
　Die alte Zeit, die alte Art.
»Fahr wohl! Sie sollen dich nicht haben;
Kein Wall zu hoch, zu tief kein Graben
　Für brave Waffenbrüder!«

»Und daß mein Lieb zum Teufel ging
　Mit ihrem wälschen Reiter,
Des ist mein Sorgen gar gering;
　Die Luft ist wieder heiter.«

Sein Schritt ward langsam. Wie so eigen
　Ihn der gewohnte Weg beklomm!
Er hält; – es rauschte in den Zweigen;
　Es war ihr Tritt, ihr Gottwillkomm! –
Es war ihr Tritt nicht, – nicht ihr Grüßen;
Das gelbe Laub zu seinen Füßen,
　Das wirbelte im Winde.

Er atmet tief; von fels'ger Kante
　Sieht er hinab ins Land so weit;
Das Pförtchen dort, das wohlbekannte.
　Steht offen, wie in alter Zeit;
Die Brücke schwankt an rost'ger Kette,
Und doch – er hält auf morschem Brette, –
　Er schaut zum Wald hinüber.

»Erst heute war's; wir ritten schweigend
　Herunter dort das Felsental,
Die Äste auf die Seite neigend;
　So enge war der Weg und schmal;

Mir ward, als müßt' ich jauchzend singen,
Mir ward, als müßt' das Herz mir springen
   Bei jedem Baum am Wege.«

»Da kam's! Dort stand am Felsenhange
   Die moos'ge Hütte angeschmiegt;
Dort stand die Eiche, die so lange
   Auf ihren Ästen mich gewiegt,
Die einst geschmückt mit meinem Schwerte, –
Dort der Altar aus Stein und Erde;
   Schlingpflanzen krochen drüber!«

»Doch stille war's; und ob ich lauschte,
   Wie ein im Wald verirrtes Kind:
Das Bächlein nur vorüberrauschte,
   Und in den Wipfeln rauscht der Wind;
Kein Vogel mochte mit mir singen;
Ein Falter nur mit blauen Schwingen,
   Flog leise durch die Gräser.«

»Auch Kurt war still; ob er vom Ritte,
   Vom schlimmen Wege müde war?
Den Rappen hielt er an der Hütte
   Und am verfallenen Altar;
Des Waldes dunkle Runenzeichen,
Das knorrige Gestrüpp der Eichen,
   Betrachtet' er mit Staunen.«

»Und als beim nächsten Taleswenden
   Das Bild verschwand: – wie ward mir schwer!
Ich hatte keinen Gruß zu senden
   Und keinen zu empfangen mehr;
Verschwunden war der Duft, der süße;
In meinem Waldesparadiese
   War ich allein, verlassen.«

»Wo bist du, Vater? Welche Ferne
   Verschlang dich in des Lebens Streit?
Verlöschen heute mir die Sterne

Am Himmel meiner Kinderzeit?
Nacht wird's und nur ein treuer Schimmer
Strahlt durchs Gewölle, – hell, wie immer.
Du Hildegard, mein Leben!« –

Er schaut hinaus und trüb und trüber
Ist ihm das volle Herz bewegt;
Scheu blickt er, hoffend fast, hinüber,
Ob sich noch nicht das Pförtchen regt;
Doch still! – nur wie ein leis Gehöhne,
Trägt ihm der Wind herauf die Töne
Vom Liedchen des Kam'raden:

»Was hätt' mit Tränen ich gemacht,
Mit ihrem Flehn und Bitten?
Ich hätt' geküßt, ich hätt' gelacht,
Und wär' davongeritten!«

»Herr Jesus und Maria!« helle,
Wie's klinget, wenn die Freude schreckt,
So jubelt's plötzlich auf der Schwelle,
Daß es das Echo drüben weckt;
Am Arme, den sie zitternd drückte.
Am Halse, der sich freundlich bückte.
Hing weinend ihm die Amme.

»Ach Gott, ich sollt' wohl besser lachen;
Ich kann's nicht; Freude macht mich krank;
Was wird mein Alter Augen machen!
Wie groß du worden, Gott sei Dank!
Wie dir am Wamms die seidnen Litzen,
Wie keck dir deine Federn sitzen, – –
Ach Gott, das arme Fräulein!«

»Das Fräulein – ?« – »Nein, ich kann's nicht fassen, –
He, Alter! – ach, ich armes Weib!
O kommt, Ihr müßt euch herzen lassen; –
(– Der Schrecken fuhr ihm in den Leib; –)
»Wie hübsch Ihr seid! Wer Euch noch grollte!«

Sie zieht ihn fort und eh' er's wollte.
Ist er im Schloß verschwunden.

Auf morscher Brücke steht er wieder
Und starrt hinaus ins weite Rund;
Es schwimmt ihm um die Augenlider;
Es zuckt ihm bitter um den Mund;
Er drückt die Stirne an die Planken;
Sie müssen zittern, müssen wanken,
Sie müssen mit ihm brechen.

Noch lag in goldnem Abendglühen
Das weite Tal vor seinem Blick;
Der Berge bunte Gipfel sprühen
Der Sonne Abschiedsgruß zurück;
Blau dämmert's aus des Grundes Tiefe,
Als ob der Frieden drunten schliefe
Im stillen Waldesdunkel. –

Wer's je gesehn, kann er's vergessen, –
Des Südens farbenreiche Glut,
Wenn unter Palmen und Zypressen
Die müde Karawane ruht?
Doch frischer glüht und farbenbunter
Der Herbst, ein lieblich Feenwunder,
In seinen deutschen Wäldern.

So formt der Norden nicht, der weiße,
Der Berge riesige Gestalt, –
So kräftig bricht nicht aus dem Eise
Der Muttererde Allgewalt, –
So schafft sie nichts, so lieblich prächtig,
So ewig frisch, so riesenmächtig,
Wie ihre deutschen Berge.

»Siehst du die Welt uns fröhlich färben,
Wie wir's im Frühling nicht getan?
Siehst du in unserm heitern Sterben
Nicht eines neuen Frühlings Nahn?«

Die Bäume rauschen's laut im Walde,
Die Blätter flüstern's durch die Halde,
Doch er versteht sie nimmer.

Tot, tot für mich! Wie dumpfes Grauen
Zuckt's um den Mund; verloren! tot!
Verschwunden ist der Berge Blauen
Dort fern im goldnen Abendrot;
Und leise, wie der Hölle Höhnen,
Treibt ihm der Wind in matten Tönen
Das Lied herauf vom Tale:

»Statt daß sie mir am Halse hing
Und weinte, war's gescheiter,
Daß sie bei Zeit zum Teufel ging
Mit ihrem wälschen Reiter.«

2. Der Ritt.

Nachtgewölke schleichen langsam um der Heide ödes Grau;
Düster glüht vom Abendrote eine Flocke noch im Blau;
Überm Moore heben, dehnen schläfrig sich die Nebelbilder,
Schlingen die gespenst'gen Reigen still und stiller, wild und wilder.
Leise flüstern tück'sche Elfen in dem Riedgras, tief verworren;
Wunderlich gestalte Weiden kreuzen stumm die ast'gen Knorren,
Stieren übers öde Blachfeld, – finstere, dämon'sche Wachen;
Schau den Kopf dort! Wie das Astloch sich verzerrt zu stummem Lachen!
Wie des Irrlichts bläulich Flimmern um die moos'ge Rinde schwebt!
Wie der Unken dumpfe Klage durch die feuchte Stille bebt!
Horch, – zwei Rosse! Schwer erzittert unter ihrem

flücht'gen Tritte
Rings der Grund; es neigt das Gras sich, kaum berührt vom raschen Ritte.
Horch, sie nahen! Dort – das eine, – wie sich's vor den Erlen bäumt!
Wie die schlanken Glieder zittern und der weiße Geifer schäumt!
Armer Rappe! In die Flanken drückt sich tief des Reiters Sporn;
Hoch ein Satz – und durch den Nebel fliegt es über Sumpf und Dorn.
Wie des Reiters Locken flattern in dem Wind, gleich scheuen Raben,
Und sich wieder in des Tieres loser Mähne tief begraben!
Wie der straffe Zügel schneidet durch des Maules heißen Gischt
Und die Geißel zornig klatschend durch den feuchten Nebel zischt!
Dort das andre! Ruhig, kräftig trägt er seinen wucht'gen Reiter,
Unbekümmert, durch den Nebel über Sumpf und Moorgrund weiter,
Folgt dem Rappen; wie um dessen zitternd Umgestüm zu zügeln,
Läßt es, oft zurück ihn werfend, oft von ihm sich überflügeln.
Schweigend ritten sie durchs Dunkel und der Hufschlag hallte nur,
Wenn ein Windstoß, wie erschrocken, durch die kahle Wüste fuhr.

Wie die Heide so weit und die Welt so frei!
    Und die Nacht so lange, so lange!
Greif aus, mein Rappe! 's ist einerlei, –
    Was kümmert dich Nebel und Unkenschrei?
Macht der bebende Grund dir so bange?
Stürm hin, mein Rappe, durch Wetter und Nacht!

Hab' lange genug an mein Liebchen gedacht;
Vergessen will ich, – vergessen!

»Halt, mein Volkmar! Siehst du's spiegeln dort im Sumpf? Bleib mir zur Seite,
Weiß ich doch zur Stund' nicht, ob ich dir zu schnell, zu langsam reite!
So! Laß nur die Zügel ruhen; sieh doch, wie dein Rappe dampft.
Wie er matt zugleich und wütend auf den hohlen Moorgrund stampft!
Und du selbst so still verbissen? Sag mir, Junge, was dir fehlt?
Ziemt's doch nicht dem Waffenbruder, daß er lang sein Leid verhehlt!
Kann das Glück dir reicher lohnen, als es dir schon jetzt beschert?
Hast du, wie ein trotz'ger Knabe, immer mehr und mehr begehrt?
Kaum am Kaiserhof erschienen als ein Knappe, schlecht und recht,
Bist du schon des Kaisers Liebling, dem geheimsten Dienst gerecht,
Traut er mehr dir, als den Rittern, die im Waffenwerk ergraut
Und auf deren Felsentreue er den Herrscherthron gebaut.
Lanze, Schwert und eine Laute war ja alles, was du brachtest; –
Weiß der Himmel, der's geleitet! Kaum, daß du nur übernachtest.
Einen alten Kriegskumpan dir aufsuchst für den künft'gen Strauß,
Weißt du schon im Kaiserzelte, wie im Schloß, wo ein und aus!
Wohl, wenn es ums Feuer abends still ward, – wenn du ausgesungen, –
Müde ruhtest, ist's mir selber wunderlich durchs Herz gedrungen:

Diesen Nacken stolz und trotzig, – diese Locken, voll und weich, –
Diese Lippen kaum beschattet, – diese Stirne, kalt und bleich, –
Diese Augen, blau und offen und so tief, – – beim heil'gen Gral,
Lache, wildes Kind der Wälder, – doch ich sah sie schon einmal!
Mag's dem Kaiser auch so gehen, – –nun warum so finster schaun?
Volkmar, Volkmar, gab der Handschlag damals dir nicht mehr Vertraun?«

Mein Rappe, was glänzt dir im Auge? O schau,
    Ein Tropfen von Nebel und Regen;
Ihr Auge glänzte wie Himmelsblau,
Und ihre Träne wie Frühlingstau,
    Als sie mir am Herzen gelegen.
Stürm hin, mein Rappe, durch Wetter und Nacht,
Hab' lange genug an mein Liebchen gedacht;
    Vergessen will ich, – vergessen!

»Willst du schweigen? Denn dein Murmeln gilt mir nicht als ehrlich Wort;
Bleibe denn ein trotz'ger Junge, – und wir reiten stille fort.
Doch ich kann's, ich will's nicht glauben, Volkmar, daß du so verschlossen!
Hat ein stummes Leid dir Eisen um die offne Brust gegossen?
Denkst vielleicht: der Alte werde jungen Schmerz nicht mehr verstehen?
O, auch diese grauen Haare haben manches Weh gesehen,
Diese derben Fäuste haben manche Wunde schon gehauen,
Diese Augen mußten manchen ohne Rettung bluten schauen.
»Kurt von Staufeneck« – der Name, wahrlich, hatte gu-

ten Klang,
Sei's im Minnedienst, dem schlimmen, sei's im harten
Schlachtendrang.
Altes Schwert – als altes Eisen wird es zwar nur abgeschätzt;
Denn die Scharten in der Klinge hat kein Kaiser ausgewetzt; –
Sei's drum! In den alten Adern fließt ja noch dasselbe
Blut,
Und das Herz, klopft es auch kühler, faßt noch immer
Jugendglut.
Zweimal mahn' ich nicht, daß du mir schlugst in diese
Rechte ein, –
Knabe, daß ich Freund geworden, dem ich könnte Vater sein;
Zweimal frag' ich dich nicht gerne, was dir Herz und
Mund verschloß,
Seit ich auf dich warten mußte gestern an des Böhmen
Schloß, –
Was das Weib dir eingeflüstert, die dich oben überfiel;
Ha, man sah's! Doch folg' mir, Junge; laß die Weiber
aus dem Spiel!
Bis wir heut' ein Nestchen finden, kann's noch manche
Stunde währen;
Kürzen wir den Weg uns lieber mit Geschichten oder
Mären!
Ist dein Ohr doch offen, wenn auch deinen Mund ein
Zauber bannt!
Hören sollst du, was sich blutig einst ins Herz mir eingebrannt.«

Mein Rappe, was bebst du so freudig? Du tust
    Das gerne, wenn's grollt und gewittert!
O daß sie einmal voll bebender Lust
Gesunken an diese klopfende Brust,
    Von stürmischer Laute durchzittert!
Stürm weiter, mein Rappe, durch Wetter und Nacht!
Hab' lange genug an mein Liebchen gedacht;
    Vergessen will ich, – vergessen!

»König Ludwigs Vater war es, der die Faust zum Kampf mir weihte.
Die so manches Schwert, so manche Lanze schwingen sollt' im Streite;
War sein Schloß das leichte Kriegszelt viele Jahre doch gewesen.
War sein Geist vom finstern Sinnen doch im Kampfe nur genesen!
Nein vom Gram! »Den Strengen« nannte ihn ja nur, wem vor ihm graute,
Nannt' ihn nur der Feind, der zitternd in das finstre Aug' ihm schaute.
's war ein Mann, wie ihn erschaffen jener Zeiten wirres Spiel,
Die im Sturm vergessen konnten, daß der letzte Staufe fiel, –
In der Faust des Panthers Stärke, in den Adern Löwenblut,
Auf der Stirne Kaiserhoheit, in dem Herzen Eisenmut;
Blitze brannten, markverzehrend, aus der Wimpern dunkler Nacht;
In dem hellen Silberbarte rauscht' der Wind nach heißer Schlacht;
Finster bei des Friedens Spielen, – kalt, wenn Lanze zischt und Bolz,
Doch, wer ihm im Auge suchte, ahnte mehr als Heldenstolz;
Seine Lippen – gramumzucket, oder leis umspielt von Spott;
Außen, – ehern wie sein Panzer; innerlich – das weiß nur Gott.
Ob wohl manchmal, wie im Traume, seine Jugend vor ihm stand.
Die er fröhlich einst durchscherzte mit Maria von Brabant?
Ob die Tage, die so glücklich und so schnell vorbeigeflogen.
Manchmal trauernd ihm und mahnend an dem Geist vorüberzogen?

Ob das Schwert ihm an der Seite manchmal kalt und
drohend klirrte.
Daß die Knochenfaust sich ballte und das Auge sich
verwirrte?
Jenes Schwert, das seine Hände einst im Satanswahn
geschwungen, –
Das durch seiner Gattin Busen in das treuste Herz ge-
drungen, –
Das trotz ihrer reinsten Schwüre, trotz des holden
Mundes Bitten,
Ohn' Erbarmen seinen eignen Frieden einst entzweige-
schnitten!«

Zwei perlende Tränen, ein rosiger Mund, –
    O Herz, was glaubst du nicht immer!
Der Frühling ist grün und der Herbst ist bunt;
Doch schwarz ist der Erde innerster Grund
    Und alles nur Lüge und Schimmer;
Stürm hin, mein Rappe, durch Wetter und Nacht,
Hab' lange genug an mein Liebchen gedacht;
    Vergessen will ich, – vergessen!

»Hochzeitsfeste, Becherklänge, Lustdrommeten, Min-
nelieder,
Froher Lärm der Waffen hallte oft durch Münchens
Hofburg wieder;
In dem wimmelnden Getriebe bei Turnei und Ritter-
schlage
Wollte doch das Herz nicht schweigen von der Lust
vergangner Tage;
Seine Minnesänger alle mit der Saiten weichem Klin-
gen,
Konnten ihm die alte Liebe nimmer aus dem Grabe
singen,
Und die alte Wunde klaffte und der alte Flecken blieb,
Wenn er stumm das Blut des Feindes vom bespritzten
Panzer rieb.
Stolz und lieblich war Mechthildis, wie das goldne
Sonnenlicht,

War von Habsburgs hohem Stamme; doch Maria war
sie nicht.
Wohl war ihm ein Pfand geblieben, mahnend an ver-
schwundnes Glück;
Auch des Kindes schuldlos Lächeln brachte nicht den
Lenz zurück;
Und vergessen schien das Mägdlein, schien die holde
Jungfrau fast;
Bei den festlichen Gelagen blieb sie nur ein seltner Gast,
Stille flossen blonde Locken, stille sprach das blaue
Auge,
Daß die mutterlose Waise nicht zu Lust und Freude
tauge; –
Stille wuchs die holde Blume, kaum beachtet im Ge-
tümmel,
Einsam mitten im Gewühle, Fremdling unter
heim'schem Himmel,–
Wuchs, gepflegt von fremden Händen, – wie die Mut-
ter schön gestaltet,
Bis die schmerzgebleichten Blättlein scheu der holde
Kelch entfaltet.
Den gequälten Vater trieb es oft zu schaun der Mutter
Bild;
Doch er blieb auch dann der Krieger, stahlgepanzert,
barsch und wild;
Daß, wenn er davonging, eine Träne aus dem Aug' ihm
bricht.
Ahnt das heißgeliebte, ahnet das verlaßne Mädchen
nicht.«

Drum zieht vorüber das schwarze Geschick,
   In dämmernder Ferne verborgen,
Am freundlich lächelnden Kinderblick;
O spare die Tränen – es kommt zurück;
   Ist's heute nicht, ist es doch morgen!
Stürm hin, mein Rappe, durch Wetter und Nacht,
Hab' lange genug an mein Liebchen gedacht;
   Vergessen will ich, – vergessen!

»Kaum erfreut's den finstern Herzog, als Mechthildis, sein Gemahl,
Ihm geschenkt zwei muntre Knaben, würdig (schien's) der Ahnen Zahl;
Kaum daß er dem lauten Treiben wehrend eine Schranke setzte, –
Kaum daß er am kühnen Spiele, das sie suchten, sich ergötzte, –
Ließ sie auf dem Streitroß reiten, ließ sie spielen mit dem Schwerte;
Kaum ein Lächeln auf den Lippen, setzt er murrend sie zur Erde,
Ging dann wohl allein zum Turme, wo, im Garten tief verborgen,
Still Theodolinda träumte von der Jugend Lust und Sorgen, –
Sah sie an mit glüh'ndem Auge, mild zu ihr sich niederneigend,
Las in ihren klaren Sternen, – ging, wie er gekommen, schweigend.
Und die beiden Knaben hatten bald des Vaters Weg gefunden;
In dem Stübchen dort im Turme suchten sie die liebsten Stunden,
Wenn sie ausgetobt im Felde, müd' gelärmt sich um das Schloß,
Ausgejagt durch Berg und Halde auf dem leichten Berberroß.
War die Schwester doch so freundlich, war den kleinen Jungen hold,
Strömet doch aus ihrem Munde wundersames Märchengold, –
Weiß sie doch so leicht zu zaubern nur mit Worten, leis und mächtig,
Aus des Stübchens engen Wänden Feenschlösser, stolz und prächtig;
Elfen tanzen vor dem Fenster, schnurrt die Spindel leise, leise;
Nixen locken süß und traulich, dreht der Faden sich im

Kreise! –
Und vor allen war es Ludwig, sonst ein Bube wilder
Art,
Der in seiner Schwester Nähe fast zum halben Mädchen ward,
Der das Ärmchen manchmal kosend um den weißen
Nacken wand,
Mit ihr träumte, mit ihr weinte, wenn er auch sie nicht
verstand.«

Wo soll es auch hin, das stumme Gebet
Um Glück auf der Erde, der kalten,
Als zum Kinde, das es noch nicht versteht,
Als zum Traume, der es milde umweht
Mit seinem lieblichen Walten?
Stürm weiter, mein Rappe, durch Wetter und Nacht,
Hab' lange genug an mein Liebchen gedacht;
Vergessen will ich, – vergessen!

»Durch Mechthildis war's am Hofe bald gar laut und
bunt geworden;
Ritter zogen hin und wieder selbst von Österreichs
fernsten Orten,
Damals war's, als beide Höfe noch in Lieb' und Freundschaft nah,
Daß der junge Herzog Ludwig oft den Vetter Friedrich
sah;
Damals war's, als aneinander keck sie schon den Arm
erprobten,
Daß sie sich geheim und feurig ew'ge Treue zugelobten;
's war ein Kinderspiel; man lachte ob der Knaben
närr'schem Sinne;
Niemand ahnte, wie ein Traum sich durch ein ganzes
Leben spinne. –
– Doch zwei Ritter wollt' ich nennen, die, vor andern
hochgepriesen,
Durch die deutschen Lande damals stolz ihr Wappen
leuchten ließen,

Zwei, auf die der Fürstenmutter bang' und sorgsam
Wählen fiel.
Daß sie beide Prinzen lehrten Bücherwitz und Waffen-
spiel.
Wolf von Fichteneck, der eine, ward aus Östreichs
Gau'n beschieden,
War ein Mann, so rauh als redlich, – keck im Kriege,
treu im Frieden;
Von dem stolzen Grafenstamme war er noch der letzte
Sproß;
Mitten in dem Böhmerwalde stand sein reiches Ahnen-
schloß;
Doch er war im Feldherrnzelte, auf dem Streitroß nur
zu Hause;
Selbst die weite Festeshalle ward für ihn zur engen
Klause;
Auf dem Schlachtfeld glänzte helle seines Wappens
goldner Stern,
Aber rauhe Kriegerweise barg zu tief den edlen Kern. –
Irmin nannte sich der andre, war ein Sänger, frank und
frei,
Herr von Reißenstein; – man wußte kaum, wo dieses
Schlößchen sei;
Doch wenn er die Laute rührte, wenn er sang so weich,
so mild,
Dachte niemand an den Namen, niemand an den Wap-
penschild;
Und wenn er, den Flammberg schwingend, Schlachten-
lieder sang durchs Feld,
Schien er in dem Kampfgewühle mehr, als Ritter, mehr,
als Held.
Weiß nicht, wie's der Himmel fügte, daß der Sänger
mir gewogen,
Halb als Freund, und halb als Knappe bin ich lang mit
ihm gezogen,
Trug ihm gerne seine Laute, wenn er bot dem Feind die
Brust,
Trug dem Panzer, ihm, den schweren, wenn er sang
von Lieb und Lust.

Dir das Heldenbild zu zeigen, mild und heiter, stolz und hehr, –
Laß es! Denk' ich seiner, wird mir heute noch das Herze schwer.«

Ja, singen! Wo fand' ich den alten Drang,
 Die alte, verlorene Freude?
Ja, kämpfen! Du klingender Schwerterklang,
Du trauter, fröhlicher Grabgesang,
 Ich wollt': ich hörte dich heute!
Stürm hin, mein Rappe, durch Wetter und Nacht,
Hab' lange genug an mein Liebchen gedacht;
 Vergessen will ich, – vergessen!

»Beide sahn Theodolinde, sahn die Blume frisch und zart;
Beide liebten, beide glühten, jeder so nach seiner Art.
Keck warf Fichteneck die Gegner für die Dame im Turnei;
Irmin sang durch alle Burgen, wer die schönste Dame sei;
Stolz bot Wolf die Grafenkrone, bot zum zweitenmal sie wieder.
Kühn sang Irmin unter ihrem Fenster seine schönsten Lieder;
Irmin siegte; doch der Vater wahrte noch sein finstres Schweigen,
Und es schien, als woll' das Zünglein bebend sich zum Grafen neigen.
Bleicher ward die stille Rose, kaum erglüht im ersten Kusse,
Weicher wurden seine Lieder vor des Schicksals herbem Schlusse;
Doch – er siegte. Abend war es, als er mich zu sich entbot:
»Willst du mich geleiten, Bruder?« – »»Gerne, Herr, und wär's zum Tod!«« –
»Komm, wenn Mitternacht vorüber, hinterm Zwinger in den Garten

Mit den Pferden! Dort am letzten Turme werd' ich dich erwarten!«
Nacht war's und auf weißem Zelter ritt dahin an unsrer Seite
Eine Jungfrau, tief verschleiert, lautlos in die düstre Weite,
Ritt durch Wälder, Berg und Heiden, bis der frühe Morgen graute
Und ich tief im Waldesdunkel ein verfallnes Kirchlein schaute.
Dort mit seines Amtes Zeichen stand ein Priester, arm bekleidet,
Hatte mit zersprungnem Glöcklein Frühmett' eben angeläutet.
Irmin sprang vom Pferd; entschleiert sank die Maid an seine Brust,
Rotgeweint die Augenlider, bleichgehärmt der Wangen Lust;
An bemooster Stätte gaben sie sich frei auf freier Flur,
Wie's die heil'ge Kirche fordert, treuer Minne ew'gen Schwur.
Irmin dann zu mir gewendet: »Dank für deine letzte Liebe!
Lohn' sie dir der Himmel, Bruder, wenn ich lang dein Schuldner bliebe!
Geh' und sag', was du gesehen, – ruf's in alle Lüfte laut,
Daß ich hier an heil'ger Stätte hab' errungen meine Braut!«
Sprach's und hob sie auf den Zelter, ritt mit ihr zum nahen Wald;
Kaum gedacht, war fern ein heißes, wildes Minnelied verhallt.«

O laß sie ruhen, die alte Zeit,
    Mit ihrem bunten Getriebe!
Laß ruhen den bittern, ewigen Streit
    Um die verlorene Seligkeit,
        Du Märchenwelt der Liebe!
Stürm weiter, mein Rappe, durch Wetter und Nacht,

Hab' lange genug an mein Liebchen gedacht;
Vergessen will ich, – vergessen!

»Ha, war das ein Rennen, Laufen in der Hofburg zu der Stunde,
Als durchs Tor allein ich einritt mit der frohen Trauerkunde!
Vor den Herzog ward gebunden ich geführt, wie ein Verbrecher;
Lange stand vor mir der Finstre; voll schien seines Zornes Becher;
Seines Auges kalte Flammen wollten mir die Brust durchbohren,
Bis er endlich dumpf beklommen fragte: »Ist mein Kind verloren?«
Und ich sagte, was ich wußte, – ward nicht müd', die Lieb' zu schildern,
Und den Schmerz der schönen Jungfrau, seinen harten Grimm zu mildern.
Doch als ich geendet, hob er wie zum Schwur die Hand empor,
Und des Vaterfluchs erstickter Wehruf traf mein bebend Ohr.
Wie ein Blitz, der stolze Eichen niederschmettert in den Grund,
Schien ein Strahl aus diesem Auge, schien ein Laut aus diesem Mund;
Wie der Schwertschlag, dumpf und grausig – Wort an Wort, wild, abgerissen,
Fiel es auf das Haupt des Kindes, das mein Irmin ihm entrissen.
Ich war frei; der Herzog fragte, wo ich weile, lange nicht,
Bis die Flücht'gen zu verfolgen mir gebot des Dienstmanns Pflicht.
Jetzt vernahm ich erst: die Jungfrau sei dem Himmel längst verfallen;
Um des Vaters Schuld zu büßen, sollt' ein schuldlos Opfer fallen! –

Der von Fichteneck – er könnt' es nicht vergessen, noch
ertragen.
Daß ein andrer in den Schranken Minnesieg davongetragen;
Blumen brechen, nicht sie pflegen, – rächen wollt' er
sich, nicht lieben;
Das war's, was ihn ohne Ruhe jahrelang nun umgetrieben.
Und an seine Seite bannte mich des Herzogs streng Geheiß;
Stromhinauf, stromabwärts sucht' ich nach des Stammes edlem Reis;
Doch umsonst blieb alles Suchen jahrelang landaus,
landein;
Leer war Heide, Flur und Klinge, und zerfallen Reißenstein.«

Sie wittern's ja wohl, o sie spüren's so fein,
    Wenn ein Engel die Erde gefunden;
Da packt sie's; da muß es gemordet sein;
Den Fremdling hinaus! Die Welt ist mein!«
    So tobt's, bis der Engel verschwunden!
Stürm hin, mein Rappe, durch Wetter und Nacht!
Hab' lange genug an mein Liebchen gedacht;
    Vergessen will ich, – vergessen!

Eines Abends – in dem Tale fing es schon zu dämmern
an; –
Ritten wir einst tief in Böhmen eine wald'ge Schlucht
hinan;
Enger drängten sich die Felsen in des Berges dunkeln
Schoß;
Einsam war's und Todesstille; nur ein Bächlein rauscht'
im Moos.
Da gewahr' ich an der Felswand eine Hütte, schön gestaltet,
Über die ein alter Eichbaum segnend seine Hände faltet.
Wiesen rings, – ein kleiner Garten, – dort vor einem

Steinaltar
Lag, wie im Gebet versunken, eine Waldfrau, wunderbar.
Weiterauf am muntern Bache, nahe bei des Hauses Schwelle,
Spielt' ein Knäblein, zart und lockig, mit des Baches klarer Welle.
Wolf erblickt sie; hoch sich bäumend ist sein Pferd beiseit' gesprungen,
Und das Blut schießt aus den Weichen, die des Reiters Sporn durchdrungen;
Nach den Felsen sprengt er klirrend, ist vom Roß mit Blitzesschnelle;
Ha, wie bleich die Frau zur Erde sank an des Altares Schwelle!
Jetzt ist er an ihrer Seite; jetzt faßt er sie um die Hüfte, –
Jetzt reißt er sie in die Höhe; Hilfruf schneidet durch die Lüfte.
Da durchbricht's das wirre Dickicht und im losen Jägerkleide
Stürzt ein Mann mit einem wilden Tigersprunge zwischen beide.
Taumelnd weicht der Fichtenecker – eilt, sich wieder aufzuraffen;
Wie die Kampfwut ihre Sehnen zum Zerspringen schwellt, die straffen!
Wie sie dastehn! Aug' in Auge, brennt's wie tödliche Gewalt!
Wie die Brust sich höher wölbet und die Faust sich krampfhaft ballt!
Der – im offnen Jägerkleide, in der Hand den schlanken Spieß, –
Der – die Eisenfaust am Flammberg, seines sichern Siegs gewiß.
Todesstille. – Irmin, Irmin! Weh, wer mir den Arm gehalten,
Als des Augenblickes Schrecken eisig mir die Brust umkrallten!
Ha, jetzt faßt er seinen Flammberg, beugt zurück den

wucht'gen Leib!
   Irwins Speer erzittert, – aufschnellt kreischend das gequälte Weib,
Stürzt dazwischen, – hu, die Lanze zischt schon schneidend durch die Winde,
Trifft, – und mit durchbohrtem Herzen sinkt, o sinkt – Theodolinde!
Gegenüber stehn sich beide, auf die blut'ge Leiche starrend,
Wie berührt vom Zauberstabe, schweigend, auf ein Wunder harrend.
Stille trocknet von der Stirne Wolf die Tropfen, kalt und groß;
Stumm beut Irmin die entblößte Brust des Feindes letztem Stoß;
Doch der wendet stolz den Rücken, wirft das Eisen in die Scheide, –
Schwingt aufs Pferd sich, jagt talabwärts, wie gepeitscht von seinem Leide.«

Herr Gott! Was schüttelt das fremde Bild
   Mir Leib und Seele zusammen?
Mir brennt das Gehirn im Kopfe so wild,
Mir ist, als glühte mir Panzer und Schild,
   Als stünde der Himmel in Flammen;
Stürm hin, mein Rappe, durch Wetter und Nacht!
Hab' lange genug an mein Liebchen gedacht;
   Vergessen will ich, – vergessen!

Folgen konnt' ich nicht und schnelle barg mein Pferd die Felsenwand;
Wieder schlich ich durch das Dunkel, wo noch Irmin schweigend stand
Und sich kalt, als ob ein fremder Kriegsmann ihm zu Füßen liege,
Niederbeugt zur blut'gen Erde, anstiert die erbleichten Züge.
Jetzt hält er sie in den Armen, trägt sie zart, wie Mütter sorgen,

Unter Küssen zum Altare, hinter dem ich mich verborgen,
Zieht den Speer ihr aus der Wunde; da entrinnt das Blut, das warme.
Und an seinem Herzen ruht sie, – ruht wie in des Todes Arme,
Und solang das teure Leben aus der offnen Wunde rinnt,
Flüstert fromm ein Vaterunser in dem Eichgezweig' der Wind.
Plötzlich regen sich die Lippen, – ihn erfaßt des Wahnsinns Lust; –
»Irmin! – Irmin, – du? – O wohl mir! – Sterb' ich doch an deiner Brust!
Irmin – sterben? – Gib das Schwert dort, das du aufgehängt am Baum,
Seit du deine Ritterehre hast verträumt im Liebestraum:
Gib! – O tu's! Du hast's von meinem Vater! Hör mein letztes Bitten!«
Und er tat's – knüpft' es vom Baume, bringt es ihr mit wanken Schritten.
Und sie richtet stolz und kräftig auf die todesstarren Glieder:
»Schwör mir, Irmin! – Es ist eine heil'ge Nacht! – O kniee nieder!
Schwör mir, daß, wenn diese Wunde ausgehaucht mein junges Leben,
Schwör mir, daß du diese Stunde rächen wollest – durch Vergeben!«
Und er schwur's und schweigend tauchte sie ins Blut, so rot und klar,
Ihre Hand und auf die Klinge schrieb sie Runen wunderbar.
»Schwinden diese, sei´s ein Zeichen dir von Gottes Gnad' und Huld,
»Daß gesühnt der Fluch des Vaters und vergeben meine Schuld!«
Dann war's stille; am Altare hört' ich's schluchzen bang und tief.

Hört' ich's weinen, lange, lange, bis der letzte Laut entschlief.«

Ha, zerre du nur an begrabenem Leid,
  An der alten, zuckenden Narbe!
Hellauf! Die Heide ist öd' und weit;
Frisch über den Abgrund! Der Tod meine Maid!
Schwarz, Rappe, – schwarz, schwarz meine Farbe!
Hinüber! Und ging's in der Hölle Grund!
Keck küss' ich den Tod auf den klappernden Mund!
  Sie kann ich doch nimmer vergessen.

3. Die Beichte im Klosterchor

Sahst du sie schon, des Nordens Palmen, ragen,
  Schlank, wie am Sinai, am Strand des Nil?
Sahst du sie stolz die volle Krone tragen?

Es schlingt, Blatt über Blatt, ein bunt Gewühl
In des Gewölbs geheimnisvollen Schatten
Sich ineinander, wie ein lieblich Spiel.

Ihr Meister, die einst mitgerungen hatten,
  Am Grab des Herrn, ihr saht es schöner kaum,
  Wenn aus dem Sand, aus öden Kaktusmatten

Ein blühend Eiland aufstieg, Baum an Baum,
  Und, während rings die Wüste lautlos schmachtet,
  Fast wie ein längst vergeß'ner Heimattraum.

Von grünem Dunkel üppig tief umnachtet.
  Ein Bächlein murmelnd unter Wurzeln quellt,
  Daß auf den Knien ihr lautweinend dachtet

Des Gottes, der den Wurm im Staub erhält;
  Und an der Palmen schlankem Schafte schossen
  Die Blicke auf in eine andre Welt.

Die Jahre flohn; ihr kehrtet heim; es gossen
Erinnerungen durch das fromme Werk
Den Geist, der damals brünstig euch umflossen;

Ihr bliebt nicht unten, wie Alraun und Zwerg;
Rauh, wie der deutsche Boden ihn gegeben,
Grubt ihr den Stein aus eurem starren Berg;

Bald saht ihr wachsen und gen Himmel streben
Die Haine der granitnen Palmen, wie
Ein Wüsteneiland in dem Wüstenleben. –

Im hohen Klosterchor von St. Marie
Ist's stille worden; nur ein einz'ger Beter
Beugt dort am Pfeiler lautlos noch das Knie;

Und jetzt, auf seinen Stab sich lehnend, steht er;
Ein Pilger ist's, die Muschel auf dem Hut
Und das verdorrte Zweiglein einer Zeder.

Er harret lange; ob er müde ruht
In frommem Sinnen? Will er ferne bleiben
Den Stürmen draußen und des Tages Glut?

Hier dämmert's; vor den bunten Fensterscheiben
Sieht rot und blau, in Farben wunderklar.
Den Weihrauch er hinauf zum Himmel treiben.

Ruh' atmet's rings um Pfeiler und Altar,
Wo über manchem Haupte, das gealtet
In Hitz' und Wetter, Kämpfen und Gefahr.

Wo über manchem Herzen, das noch spaltet
Des Lebens falsche Lust, des Lebens Leid,
Die Wölbung fromm die schweren Finger faltet. –

Rings atmet Frieden; unterm härnen Kleid –
Hat diese Brust den Frieden nicht gefunden,
Und unterm Kreuze, hochgebenedeit?

Hat er umsonst sich ehrenvolle Wunden
Vielleicht geholt im fernen Morgenland
Und nur dies heiße Herz nicht überwunden?

Es klopft noch; glühend hat es fortgebrannt
Am See Tiberias, in Jordans Welle
Und in der Wüsten gluterstarrtem Sand;

Noch flammt des Auges ruhelose Helle; –
Ha, Vollmar, du?! Was soll der Mummenschanz,
Das trügerische Kleid an heil'ger Stelle?

Dein ehrlich Herz, erprobt im Waffentanz,
Hat hinter Schein und Lüge sich verkrochen?
O Liebe, Liebe, wer ermißt dich ganz?

Er regt sich nicht; er hat kein Wort gesprochen;
Lautlos, ein Marmorbild, beugt er sich vor
Und atmet tiefer, bebend, wie gebrochen.

Sie singen drüben; 's ist der Nonnen Chor;
O unter tausend wirren Stimmen fände
Den reinen Silberklang sein lauschend Ohr;

Sie ist's, sie ist's! – Es suchen seine Hände
Und falten sich zum seligen Gebet.
»Sie ist's, sie ist's, – mein Anfang, und mein Ende!«

Jetzt schweigt die Mette; durch den Tempel weht
Der Friede Gottes, und in langen Reihen
Nah'n sich die Nonnen, wo der Pilger steht.

Da schreckt er auf. »Sie wird mir's nicht verzeihen,
Daß, wie ein Dieb, mein einzig Glück ich stahl;
Soll ich der Lüge noch ein Opfer weihen.

Um dich zu sehn, mein Lieb, zum letztenmal?
Nein nimmermehr! Vor dir will ich nicht fallen!
Dort in den Beichtstuhl dringt kein lichter Strahl!« –

Sie ziehn vorüber; ihre Schleier wallen
Fast lautlos durch des Kreuzgangs schwer Gewind'
Und still wird's wieder in den stillen Hallen.

Da rauscht es ihm zur Seite; ist's der Wind?
Er fühlt den Atem warm und Laute wehten
Durchs Gitter, daß das Herzblut ihm gerinnt.

Dann flüstert es: »Ich sah euch lange beten
Und euer geistlich Kleid verleiht mir Mut:
Ihr habt schon manchen rauhen Pfad betreten

Und wißt, was einem Herzen wehe tut.
Ihr seid wohl auf dem Weg zum heil'gen Lande;
Vergeßt mein Flehn nicht über Berg und Flut!

Ihr sollt mir lösen meiner Sünden Bande
An heil'ger Stätte, wo Er selber ging,
Den Gottes Liebe auf die Erde sandte.

Ich hab' geliebt; mein ganzes Herze hing
– Ich wußte nicht, wie Herz in Herz zerrinne? –
An einem Wesen, das mich warm umfing.

Wie man die Blumen liebt im Kindersinne,
Wie man der Lerche lauscht im grünen Holz:
So liebt' ich ihn und wußte nichts von Minne.

Er war nicht reich, nicht mächtig; all mein Stolz
War seine Liebe, wenn in seinem Blicke
Der Himmel und die Erde mir verschmolz.

Es soll nicht sein, – und meinem Kinderglücke
Hab' ich entsagt; ich blickte himmelwärts
Und beugte mich dem stärkeren Geschicke.

Doch ich zerbrach nicht; o, ein Menschenherz
Braucht lange, bis es aufgehört zu schlagen;
Ja, wär's aus Stein gemeißelt, oder Erz:

Es müßt ja brechen! Seine Wunden tragen
Kann's, wie unsterblich, durch die lange Nacht
Des Lebens unter Hoffen, unter Zagen.

Es muß verbluten! – Nein, aus tiefstem Schacht
Quillt immer noch ein Tropfen leise, leise,
An den du in dem Jammer nicht gedacht!

Ach, Klostermauern heilen ja die heiße,
Die offne Wunde nie. Ich liebe noch,
Ich fleh' umsonst hinauf zum Himmelkreise

Um Ruhe. Ist der Himmel denn so hoch?
Ich seh' nur ihn durch meine nassen Lider!
Mein einz'ger Trost sind meine Tränen noch;

Ich sinke schlaflos auf mein Lager nieder,
Ich netze meinen Schleier, bis es tagt,
Und am Gebet für ihn erwach' ich wieder.

Ihr schweigt? Man hat mir's hundertmal gesagt:
Es gibt für mich auf Erden kein Vergeben,
So lang die Sünde noch am Herzen nagt;

Ein krankes Träumen war's, ein kindisch Beben,
Da ich euch sah, – als hätt' euch Gott das Wort
Der Gnade für mein armes Herz gegeben.

O könnt' ich mit euch ziehn von Ort zu Ort,
Im härenen Gewand, mit nackten Füßen,
Durch Berg und Tal, aus diesen Mauern fort;

O dürft' ich all die heil'gen Stätten grüßen,
Von Bethlehem bis Golgatha hinan,
Wo Er für unsre Sünden mußte büßen!

Ich fände Ruhe, was ich auch getan; –
Er ist kein Mensch; Er kennt das Wort: Erbarmen:
Wo Er geblutet, denkt Er noch daran.

Drum nehmt sie mit, die Tränen einer Armen;
Ihr tragt sie leicht hinweg, so schwer sie sind;
Ihr seid nicht hart; das Herz muß euch erwärmen

An meines Jammers bitt'rem Angebind,
Und wenn ihr kniet vor jenen heil'gen Gittern
Des Grabes, – betet für das arme Kind!« – – –

Da hielt er's nimmer! Mauern könnt' er splittern; –
Ein Laut nur war's, der jener Zeit gedacht,
Ihr Name war's, was seine Lippen zittern;

Er wußt' es nicht; – ein Schrei durchschnitt die Nacht;
Die Pfeiler beben, die Altäre wanken;
Horch, wie das ganze Kirchgewölbe kracht.

Horch, wie des Echos schrille Stimmen zanken
Vom Leichenstein im Winkel zum Portal, –
Wie sie ums ew'ge Licht dämonisch Wanken!

Hu, wie die Geister drunten allzumal
Wach werden, die auf Auferstehung hoffen,
Sich fragend, wer den Schlummer ihnen stahl? –

Allein und stumm, – fast wie vom Blitz getroffen
Starrt Volkmar in der Wölbung Nacht – und doch
Ist ihm, als sähe er den Himmel offen.

4. Die Kaiserkrone.

Wer sitzt am Marmeltische
So trüb und bleich?
Das ist der stolze Herzog
Von Österreich;
Die Stille, die dumpf seine Stirne umzogen,
Schleicht durch des Saales fürstliche Bogen;
Manchmal flüstern hinter den Säulen
Lüfte, die schaudernd vorübereilen,
Klänge, die sich in die Halle verirrten.

Die fröhlichen Genossen –
Sie gingen fort;
Kein Lied erschreckt das Schweigen,
Kein lautes Wort;
Der Wein ist verschüttet; in purpurroten
Tropfen sucht er zum steinernen Boden,
Wie im Verließe mit einsamem Klopfen
Langsam die Mauern zur Erde tropfen,
Zählend, wie lange die ewigen Nächte.

Das Glas ist ihm zersprungen,
Noch eh' er trank;
Im leeren, tiefen Grunde
Sein Blick versank;
Und durch die runden, spiegelnden Scheiben, –
Wenn sie am Monde vorübertreiben,
Greifen nach dem zerbrochenen Becher
Schaurige Gäste, schweigende Zecher,
Wolken mit riesigen Schattenarmen.

Er winkt und eine Krone –
Die bringt man gleich;
Auffährt der stolze Herzog
Von Österreich;
Das ist die Krone vom heiligen Reiche;
Blutrot glänzt sie, die sonnengleiche;
Wert ist sie's, ewig gepriesen zu werden;
Schwer ist ihr Gold, wie keines auf Erden;
Bebte die Hand doch, die eisengewohnte!

Und wieder winkt der Herzog
Zum Knaben hin:
»Bring Apfel mir und Szepter
Und Hermelin!«
Und hell von des Stabes goldenen Spitzen
Steinerne Tränen demanten blitzen;
Trotzend rauschten die purpurnen Falten,
Die ihm die mächtige Schulter umwallten;
Herzog, Herzog, hörst du sie rauschen?

Und aber winkt der Herzog,
   Der Knabe kehrt;
Er trägt – und kaum vermag er's –
   Das Kaiserschwert;
Scharf hat sein schneidender Glanz ihm gewunken;
Hat es wohl kaiserlich Blut schon getrunken?
Zauberschwert, schlummernd im güldenen Kasten,
Kannst du nicht ruhen, kannst du nicht rasten,
   Wunden, blutige Wunden zu schlagen?

   Dem Knaben im stillen Saale
      Es nimmer gefiel;
   Der Herzog bleibt alleine
      Bei seinem Spiel:
»Mein funkelndes Schwert, was flimmerst du schaurig?
Wallender Purpur, was flüsterst du traurig?«
Ha, wie die schwarzen, die nachtumhüllten
Blicke sich durstig senkten und füllten
   Mit der Krone leuchtendem Golde!

   Er hat für sich gesprochen
      Manch leises Wort;
   Wer möchte ihn belauschen
      Am einsamen Ort?
Doch hinter den Säulen, im nächtlichen Dunkel,
Siehst du der Augen leuchtend Gefunkel?
Waren's zwei Geister, die still ihn bewachten
Und die Gedanken ihm schürten und fachten?
   Adalbert war's und der Fichtenecker.

   Der Mönch in langem Kleide
      Voll trüber Pracht, –
   Er stand, ein schwarz Gewitter
      In finstrer Nacht:
»Habsburg! Vergissest du, was du geschworen?
Hast du die Kraft mit dem Stolze verloren?
Knabe von fürstlichem Heldenstamme,
Suchst du nach Märchen bei deiner Amme,
   Statt nach der Krone des Reiches zu greifen?«

Der tapfre Fichtenecker
War wenig froh;
Im Sturm, im Kampfgewühle
War ihm nicht so:
»Mein Herzog, was bebst du beim Schwertesklange?
Herzog, was färbt dir die glühende Wange?
Hörst du die Geister der Nächte, die leisen,
Wie sie dich warnend umschweben, umkreisen?
Flüstert dir keiner von schöneren Zeiten?«

Und bitter schaut der andre
Und murret drein;
Das war Gewittergrollen
Beim Wetterschein:
»Ja, beuge den stolzen, beuge den wirschen
Sinn nur! Lern' an dem Zügel knirschen,
Kaiserlich Roß! Wohl herb ist die Lehre, –
Süß doch der Rost für die eherne Wehre!
Herrlich die Krone auf anderer Stirne!«

Der rauhe Fichtenecker
Ward wenig froh;
Im Sturm, im Kampfgewühle
War ihm nicht so;
»Den Schlachtruf kenn' ich; im freien Gefechte
Schwing' ich das Schwert für das Ehrliche, Rechte;
Feindesblut tränke die heimische Erde;
Bruderblut, Herzog, – wer wäscht dir's vom Schwerte,
Bruderblut, Herzog, vom glänzenden Wappen?«

Da fuhr empor der Priester,
Wie sturmgeweckt
Der Blitz vom Wolkenlager
Lautzischend schreckt:
»Pfui, so träume von Schanden und Kummer!
Träume hinein in den ewigen Schlummer,
Bis deine Väter am Sarge dir pochen:
» *Der* hat das herrliche Wappen zerbrochen!
» *Der*, der hat uns die Ehre verloren!«

Der Herzog schaurig ruhig
  Kein Glied bewegt;
Das Aug' nur flammt, wenn zürnend
  Der Mund sich regt;
Da plötzlich durch des Saales Pforte
Im Mantel tritt's, ohne grüßende Worte, –
War's ein greiser, vergessener Barde? –
Tönte kein Schloß, kein Riegel knarrte;
Geisterleise waren die Tritte.

Verwundert schaut der Herzog
  Den Fremdling an;
Ihm ward, als hab's ein Traumbild
  Ihm angetan;
Staunend lauschen der Mönch und der Ritter,
Wie er greift in die klingende Zither,
Wie die klagenden Stimmen streiten,
Zaubernd lange begrabene Zeiten,
  Zaubernd lange begrabne Gedanken.

»Sie stießen den Dolch in die Eiche mit Macht;
Drei Schwüre sie schwuren in heiliger Nacht,
Den einen beim Stahl, der ein Zeichen
  Gegraben ins innerste Mark,
Den andern bei Vaterlands Eichen,
  So riesig und stark,
Den dritten bei Thor, der es hörte!«

»Es schwuren die beiden, sich Brüder zu sein
In Kampfesnacht, in Gewitterschein:
»Und rostet die blinkende Klinge,
  Dann schreit zu dir ein verratenes Blut;
O heiliger Thor, dann schwinge
  Der Blitze Glut
Auf den, der die Treue gebrochen!«

»Sie gingen. Der alte verlassene Stamm,
Er sproßte und grünte so wundersam;
Wohl stürzet im brausenden Walde

Manch knorriger Baum in herbstlicher Nacht;
Doch hat die Eiche, die alte
Treu fest bewacht
Das heilige Zeichen der Treue.«

»Da hallt es aus Wälschland dumpf und bang;
Wohl gilt einer Krone der wilde Gesang;
Blauäugige Männer, sie schlagen
Auf Tod und Leben den blutigen Kampf;
Blondlockige Männer, sie tragen
Beim Rossegestampf
Und Schwertklang zu Grab, was sie schwuren.«

»Und Nacht war's und still und in rotem Blut
Vom Bruder erschlagen der Bruder ruht;
Zwei Leichen so wild, so verwettert!
Dazwischen der Krone, der Krone Gold
In tausend Stücke zerschmettert,
Und perlend rollt
Der Bluttau der Reue darüber.«

»Und fern im Nord, in der Heimat Tal,
Dort rostet im Eichbaum der blinkende Stahl;
Schwer rauscht es im mächtigen Wipfel,
Und plötzlich schüttelt's das innerste Mark;
Da neigt er den stolzen Gipfel,
So riesig und stark,
Und neigt' ihn und stürzte zusammen!« –

Im Saale war verklungen
Das Saitenspiel;
Die Laute lag am Boden,
Der Mantel fiel;
Und ein Jüngling, von goldenen Haaren umflogen,
Stand vor dem Herzog, die Wehre gezogen
Hoch in den Lüften, – die Wangen glühend,
Augen ihr blaues Feuer sprühend, --
Stand wie des Vaterlands rächender Engel, –

Die Lippen halb geöffnet; –
Das Donnerwort,
Ein Fürstenherz zu sprengen,
Erstarb wohl dort! –
Doch Friedrich – er schlug die Augen nieder;
Bebend durchzuckt es die mächtigen Glieder;
Und als er aufsah, da war's verschwunden,
Und nur der Mönch und der Ritter stunden
Zitternd, als hätten sie Geister gesehen.

Der Herzog schaurig ruhig –
Er sah sich um;
Das Auge ohne Leuchten,
Der Mund war stumm;
Und nach der Krone kalt und bedächtig
Griff er, und faßte sie sicher und mächtig;
Wie wenn ein feindliches Haupt er träfe,
Drückt er sie fest auf die marmornen Schläfe;
Blutige Tropfen rannen zur Erde.

5. Am Kloster.

Sie hatten den Rappen die Hufe gedreht
   Und jagten mit flatterndem Zügel;
Der mächtige Schweif und die Mähne weht
   Im Wind, wie gespenstige Flügel.

Jetzt fliegt Jung Volkmar, jetzt Kurt voran,
   Kein lustiges Rennen sie halten;
Wenn die Pferde straucheln auf weichem Plan,
   Hört mürrisch man schelten den Alten.

Da sieht er zurück verstohlen sacht
   Und wieder klirren die Sporen;
Dort hinten liegt Wien, in Nebel und Nacht
   Begraben mit Türmen und Toren.

»Sporn', sporne! wir sind noch viel zu nah
   An dem verzweifelten Neste!

Wer mich im Leben je reiten sah,
  Der sieht heute Nacht das beste!«

»Das hat man vom Liebeln um Hecken und Hag,
  Das hat man vom Küssen und Kosen,
Wenn die liebe Nacht und den langen Tag
  Man träumet von Disteln und Rosen!«

»Und hätten die Schergen dich draußen ertappt
  In deinem Traumparadiese:
Was hätt'st du von deiner Liebe gehabt
  In des Herzogs verfluchtem Verließe?« –

»Ich habe getan, was der Kaiser befahl;
  Das hab' ich dir niemals verhohlen;
Und wenn einen Kuß ich dazwischen stahl,
  So hab' ich ihn dir nicht gestohlen!«

Den Rappen spornt er, und lacht hellauf
  Und beißt in die Lippen die Zähne,
Und weiter ging's und es flattert im Lauf,
  Wie gespenstige Flügel, die Mähne,

Dort ragen die Mauern von St. Marie,
  Jung Volkmar im Sprunge vom Pferde:
Hier halt' ich noch einmal, hier grüß' ich sie,
  Hier trau' ich der Lieb' und dem Schwerte.

»Ins Teufels Namen!« Der Alte flucht;
  »Drum siehst du die Rosenhecken!
Fahr wohl, mein Junge! Wer's selber sucht,
  Mag's haben und bleibe drin stecken!«

Im Walde verhallte der Abschiedsruf,
  Im Nebel verschwindet der Ritter;
Noch horchte der Junge dem flüchtigen Huf
  Und band sein Rößlein ans Gitter.

Am Graben hinunter, vorbei am Hag,
Dort schleicht er gebückt und lauschet;
Es scheint der Mond, als war' es Tag;
Der Klosterbrunnen rauschet.

Er schwingt sich empor gewandt und keck
Wohl durch die zerfallenen Scharten;
Er steht im heimlichen Versteck
Im stillen Klostergarten.

Die Zelle kennt er, das Fenster schon
In bleichen Klostermauern;
Er singt, daß rings beim leisen Ton
Die welken Blätter schauern.

»Still ist's in deinem Garten;
Die Rosen sind verblüht,
Die Blumen rings erstarrten,
Des rauhen Lebens müd.

Was willst du mit dem Strauße,
Schon welk in deiner Hand?
Was trägst du dir nach Hause
Des Todes totes Pfand?

Dein Aug' mit trübem Schauen, –
Wird ihm kein Sonnenlicht?
Und deine Tränen tauen,
Doch, wie der Frühling, nicht.

So laß die Blumen warten.
Bis neu die Sonne glüht;
Still ist's in deinem Garten,
Die Rosen sind verblüht.

Viel lieber, als der Tränen Quell,
In deinen Äugelein allstund
Viel lieber säh' ich lächeln
Den rosenroten Mund.

Und muß ich stehen auf der Stell'
In kalter Winternacht allein,
Und mußt du drinnen knien
Auf hartem Marmelstein:

Will ich doch singen froh und hell,
Wie man sich herzet, wie man minnt.
Bis du mir wieder lächelst,
Du wunderlieblich Kind!

Trauern trübe Träume noch
Immer um das alte Glück?
Lust und Lenz, – die Liebe nicht
Geht und kehrt zurück.

Stille stehn die Sterne dort.
Die so manchen Schwur erprobt;
Roten Rosen, raschem Glühn
Hab' ich nichts gelobt.

Blumen blühn und blühen ab
In der kurzen Stunde schier;
Sterne stehn in stiller Ruh'
Ewig über dir.

Du kniest in deiner Zelle
Vor dem Marienbild;
Ich reit' in bleicher Helle
Durchs öde Schneegefild.

Die Lerchen all, die lieben,
Sie zogen dir davon;
Du bist allein geblieben;
Des weinst du lange schon.

Die Nachtigall begraben –
Das macht das Herz mir weh';
Ich hör' mein Pferd nicht traben,
So leise geht's im Schnee.

O Lenz und Lieb' und Lieder!
Warum so bang, so still?
Der Frühling kommt ja wieder.
Wenn man's nur glauben will!«

Der Nachtwind lauscht um Grab und Gruft;
Der Mondschein zittert darüber;
Einen Blick noch hinauf, einen Kuß in die Luft,
Und – 's ist alles, ja alles vorüber.

Er springt von der Mauer – – ho, ho, da sieh!
Ein Reiter beim Pferde des Knappen;
Hell rasseln die Klingen; »zieh, Reiter, zieh!
»Ich lass' dir umsonst nicht den Rappen!«

Da lacht sein Kurd, daß das Echo schallt:
»Sitz' auf und lasse dein Spaßen!
Und bist du zu jung, so bin ich zu alt;
Ich werde dich stecken lassen!?« – – –

Und als im Kloster, am Morgen früh,
Die Glocken tönten zur Mette,
Und als die Nonnen in trüber Müh'
Das Lämplein zünden am Bette:

Da fahrt eine Hand, wie Schnee so weiß,
Durch blonde, wallende Locken;
Da lächelte sie und flüsterte leis
Und lauschte verwundert der Glocken.

»Mir war, – ach, weiß ich doch selber kaum.
Woher das glückliche Wähnen?
Mir ist, als hätt' mir ein seliger Traum
Getrocknet die brennenden Tränen!«

IV. Ernst.

1. Der Rüsttag.

»Es stand zu St. Georg am Stein
　Eine Linde bei der Kapelle;
Die Äste wachsen zum Fenster hinein
　Und die Wurzeln über die Schwelle.«

»Das Öl vom ew'gen Lichte war
　So lang schon auf der Neige;
Die Sonne schien über den Hochaltar
　Und de Mond durchs grüne Gezweige.«

»Schon lang hat niemand am heiligen Fest
　In die staubige Orgel gegriffen;
Das Vögelein nur, im grünen Nest,
　Hat treulich die Messe gepfiffen.«

»Die Bögen, zerdrückt und ungestalt,
　Hätt' längst das Wetter zerschlagen,
Hätt' nicht der Baum aus dem grünen Wald
　Die morschen Steine getragen,«

Und Volkmar sang's; heut lohnt ihn nicht
　Ein Blick, ein freundliches Winken;
Sie sitzen da mit ernstem Gesicht;
　Ach Gott, sie vergessen das Trinken!
Der Kaiser sieht sich am Tische um:
»Ihr edlen Herren, so still? Warum?
　Trinkt aus und füllet die Humpen!«

Auch er traf nicht den alten Ton;
　's war nicht die alte Stimme;
Es zuckt um den Mund ohnmächtiger Hohn
　Und die Zähne knirschen im Grimme;
Man hörte den Wein, wie ins Glas er fällt;

So stille war es im Kaiserzelt,
 So still im Lager draußen.

Er legte das Pergament aus der Hand
 Und legt's auf die Tafel von Eichen,
Ein mächtiges Blatt mit schwarzem Rand,
 Mit roten, brennenden Zeichen;
Was schaut ihr euch an, stumm Mann für Mann?
Es war des Papstes Bulle, der Bann,
Der heute den Kaiser getroffen.

Da bebt manch Ohr, das nie gescheut
 Beim Schlachtlärm und Rossegestampfe;
Es zittert die Hand am Schwerte heut,
 Die nie gezittert im Kampfe;
Sie schauen sich an, stumm Mann für Mann!
Es war des Papstes Bulle, der Bann,
Der heute den Kaiser getroffen.

Und lange sieht der Knapp' ins Gesicht
 Den ernsten bärtigen Alten;
Und ein Blick auf den Kaiser, – er hält sich nicht,
 Es fassen ihn dunkle Gewalten;
Und mitten mit keckem Griffe frisch
Greift er hinein auf den Eichentisch
 Und reißt die Bulle in Stücken.

»Da habt ihr's, ihr Herren vom römischen Reich!
 Jetzt möget ihr baß euch entsetzen!
Was sitzet ihr stumm, was sitzet ihr bleich
 Vor diesen erbaulichen Fetzen?
Wer den Kaiser liebt und ein Schwert schon trug,
Der läßt sich mit lumpigem Federzug
 Nicht werfen vom mutigen Gaule!«

»Die fechten da drüben – o Ritterehr'!
 Die greifen zu sauberen Waffen!
Wir haben nichts, als der Väter Wehr;
 Laßt sehn, laßt sehn, was sie schaffen!

Dort die Kirche mit ihrer giftigen Wut, –
Hier das deutsche Recht und das deutsche Blut – – –
Ihr sitzet und schüttelt die Köpfe?« –

»Ha, Knappe, zurück! Was hast du gewagt?
(Wie die Augen des Kaisers grollen!) –
Wo der Ernst erzittert, das Alter zagt,
Will die Jugend brausen und tollen?
Vergebt ihm, ihr Herren; sein Herz ist echt;
Mein Gott, ruft immer das deutsche Recht
Nur Kinder und Narren zum Kampfe?« –

Und eh's verklungen, da klirrt ein Sporn,
Da rasseln gewichtige Schritte,
Da tritt, die Adern blau vor Zorn,
Graf Schweppermann keck in die Mitte:
»Willkommen, ihr Herrn! Herr Kaiser, verzeiht;
So führt man nicht Krieg mehr in unserer Zeit
Um Land und Leute im Reiche!«

»Ihr nehmt's, wie ein lustiges Turnei,
Wo man sich grüßt mit der Lanze;
Verzeiht, Herr Kaiser; das ist vorbei;
Es geht zu ernsterem Tanze!
Die fremden Völker in langen Reihn,
Die Ungarn reiten ins Lager ein
Da drüben, – zweitausend Pferde!«

»Wir liegen acht Tag' auf der Bärenhaut
Und warten und passen noch heute,
Bis euer sauberer Vetter traut
Zusammengetrommelt die Leute;
Im Lager erfuhr ich es frisch und warm;
Ihr habt ihm versprochen, daß Gott erbarm!
Zu warten, bis gleich sind die Heere.« –

»Seid ruhig, tapferer Degen mein!
Und wenn wir die Stunde verpaßten,
So schlagen wir um so deutscher drein;

Wir werden nicht lange mehr rasten.
Kommt, trinket! Das echte Blut vom Rhein!
Mein Knappe, schenke die Humpen ein!
Fort mit dem papierenen Jammer!« –

Und eh noch verklungen die Rede frei,
 Da naht ein Page mit Sitten:
»Herr Kaiser, es stehen draußen drei,
 Die lassen Euch höfisch bitten, –
Ein Kanzler in goldenen Ketten reich,
Von Eurem Vetter von Österreich;
 Zwei Ritter geleiten den Herren.«

Sie treten herein, sie neigen sich;
 Der Kanzler scharrt mit den Füßen:
»Der Kaiser des Reiches, Friederich,
 Der tät Euch ritterlich grüßen!« –
»›Ho, ho, ihr Herren! Fein gemach!
Ihr steht just unter des Kaisers Dach;
 Was will mein Vetter von Östreich?‹« –

»Zum ersten – (der Kanzler spricht's mit Bedacht; –)
 Es sind erst wenige Stunden,
Seit die Heere gleich; nun habet acht:
 Des Wortes seid Ihr entbunden.
Zum zweiten dankt Euch mein Fürst dafür,
Daß Ihr es gegeben, sowie daß Ihr
 Es gehalten, wie's Rittern geziemet.«

»›Viel Ehre!‹« Der Kaiser laut lachend sagt;
 Es murren die Ritter im Kreise;
Zum Schluß, wenn's beliebt! Ihr seht, es behagt
 Den Herrn nicht die höfische Weise!‹« –
»So hört! – Wie Ihr's auch nehmet und nennt: –
Damit Ihr den treuen Vetter erkennt,
 Soll ich Euch zum dritten berichten:

Es reitet mit großer Heeresmacht
 Des Herzogs Bruder aus Schwaben;

Drum sputet Euch, wollt Ihr eine Schlacht
  Bei gleichen Heeren noch haben!
Rasch ist der Herzog; sei fein wach!
Ihr seht, wir geben Euch nichts nach
  An ritterlichen Sitten.«

Der Kanzler schwieg; der Kaiser lacht:
»Ihr Herrn, 's gibt ander Wetter!
Graf Schweppermann, – dann gute Nacht!
  Was sagt Ihr zu dem Vetter?«
»Herr Kaiser, ich bin verwundert schier;
Der Vetter ist ein Mann, wie Ihr;
  Ich freue mich auf morgen!‹«

Die Herren gehn; im Lager laut
  Wird's, wie mit einem Schlage;
Sie putzen sich, wie wenn die Braut
  Sich putzt am Hochzeitstage;
Dann legt' sich, in dem Arm das Schwert,
Zur Seite bei dem treuen Pferd
  Der Ritter auf den Rasen.

Nur Volkmar blieb; der Kaiser winkt;
  Will er noch heute Lieder?
Der Kaiser geht, der Kaiser trinkt,
  Er geht wohl auf und nieder;
Sein Blick jetzt auf dem Jungen ruht;
Dem ward so wunderbar zumut;
  Er weiß sich's nicht zu deuten.

Dumpf spricht der Fürst: »Er oder ich
  Vergessen und begraben!
Du wolltest so, mein Friederich;
  Nun wohl, du sollst es haben!
Er oder ich! – Es reißt uns fort;
Doch nie will ich den Brudermord
  Auf meinem Wappen tragen.«

»Er wird mich suchen; o ich kenn'
   Den Heißsporn aus früheren Zeiten;
Wir werden fechten und bluten – und wenn
   Zwei Engel die Schwerter uns leiten! –
Wir werden's *nicht*! Mein Knapp', hieher!
Du sollst mir morgen die Waffenehr'
   Der Fürsten des Reiches bewahren.«

»Du kämpfst mit dem jungen Löwenmut,
   Solange die Schwerter sich zanken;
Du streitest für mich, du junges Blut,
   Solange die Banner noch schwanken;
Doch wenn zertreten und besiegt
Er tot auf blut'gem Felde liegt, –
   Will ich dich nicht mehr sehen!«

Jung Volkmar sank tiefernst aufs Knie:
   »Herr Kaiser, ich werde sterben!
Was wendet Ihr Euch, mein Fürst? O sieh!
   Was mag die Wange Euch färben?« –
»Weiß Gott, – weiß Gott, was mich bewegt!
Wenn ich den Jungen seh' – es regt –
   Geh', geh'! und rüst' auf morgen!«

Und vor dem Zelte Volkmar zog
   Die Klinge mit freudigem Beben,
Und durch die blutigen Runen flog
   Ein seltsam wunderlich Leben;
Wie wenn das altvertrocknete Blut
Durchs Herz ihm strömte mit wilder Glut,
   So küßt er die heiligen Zeichen.

Und zwischen den Lagern, hoch oben am Wald,
   Wagt niemand sich heute zu zeigen;
Da stehet nur eine hohe Gestalt,
   Verborgen fast unter den Zweigen;
Sie starret hinauf in die Sterne dort,
Sie sieht hinab, sie flüstert ein Wort
   Und faltet die knochigen Hände:

»O dürft' ich fechten, wie ich wollt',
Für meinen Kaiser in Treue!
O dürft' ich bluten, wie ich sollt',
Statt meiner müßigen Reue!
So muß ich allein durch öde Nacht
Hinschleppen den schweren Fluch der Acht,
Den schwereren des Gewissens.«

»O Gott, nimm du das Opfer hin,
Das Liebste, das ich mag bieten;
O Gott des Streites, gib mir ihn,
Des Herzens heiligen Frieden!
O Gott der Schlachten, wenn ich es find',
Auf blutigem Plane tot mein Kind,
Laß du mich Ruhe finden!«

2. Die Schlacht.

Boten über Boten flogen;
»Hilfe, Leopold, mein Adler!
Hilfe dem bedrängten Bruder!
Hilfe deinem Könige!«
Boten über Boten flogen;
Doch zu Fürstenberg im Kloster
Hielten Mönche sie gefangen;
Keiner fand den Weg zu ihm.

Sieh die Banner die zerfetzten,
Pfeildurchschossnen, blutbespritzten!
Wie die Schwerter, die gezahnten,
Schartenreichen, niedersausen!
Wie die staubbedeckten Schilde
Dröhnend aneinanderprallen!
Ha, die Männer – wie sie heulend
Stürmen über Bruderleichen,
Baden in dem eignen Blut!

Lanzen fliegen wetterleuchtend,
Büsche tauchen auf und nieder

Und verschwinden; Hammerschläge
Pochen schallend durchs Gebrause;
Pfeile zischen, Rosse wiehern
Jammernd aus dem wirren Knäuel,
Und des Glutstaubs weiße Wellen
Wogen ob dem Ungeheuer,
Das sich windet, das sich krümmet.
Und sich selber zu vernichten,
Auf von blutbedeckter Erde,
Auf zum glutumzognen Himmel
Heulet seinen eignen Fluch.

 Fern vom Wahlplatz dort bei Mühldorf,
Wo sie fechten, seine Männer,
Saß der König Ludwig, stützte
Schweigend in die Hand das Haupt,
Harrte bange auf den Boten,
Der die Kunde sollte bringen,
Ob der Tag die Kaiserkrone
Ihm geraubt, ob einen Freund?

 Sprich, wer tummelt dort das flinke
Berberroß in goldner Rüstung
Durch das dichteste Gedränge,
Eine schwarze, eine goldne
Feder auf dem blanken Helm?
Das ist Friedrich, Habsburgs Herzog!
Hörst du seines Schwertes Klingen
Mitten durch das Schlachtgebrause?
Siehst du seine Augen blitzen
Schwarz im finsteren Visiere?
Das ist Friederich, der Schöne!
Ha, wie er von Hauf' zu Haufen
Hinfliegt, mit des Schwertes Zunge
Worte donnert, dumpf, gewaltig!
Viermal schon erschlug er Ludwig;
Immer wieder war's ein andrer,
Der den wirren Sinn ihm foppte!

Wie's ihn jetzt von Kampf zu Kampfe
Peitscht, und jagt von Sieg zu Sieg!
Weh, vermag des Kampfes Hitze
Heiß're Flammen zu ersticken?
Weh, vermögen Schwerterschläge
Laut're Schläge zu betäuben
Unterm eh'rnen Panzerhemd?
»Habsburg! Habsburg!« – Seht, sie weichen!
Seht, sie fliehn! Wie Feuerbrände,
Flammt der wilde Ruf des Glückes
Durch des Herzogs stolze Brust.
Ha, sie weichen! Ha, sie fliehen!
Dort versinken schon die Banner,
Dort – schon stürzen ganze Haufen,
Überflutet von den Ungarn;
Dort – schon führen sie Gefangne
Über Leichen, über Trümmer;
Sieg, Sieg, Kaiser Friederich!

Nur der Schlachtenruf, der laute,
Keine Boten melden's Ludwig;
Und die Stirne, die gefurchte,
Überfährt er mit der Hand,
Weh dir, daß du es vergessen,
Was wir uns als Knaben schwuren!
Ging's hinab, wie jene Jahre?
War die Treue Kinderspiel?
Weh dem Speere, weh den Pfeilen,
Die die Brust des Bruders suchen!
Wehe, dreimal weh dem Lande,
Wo man solche Speere schmiedet,
Wo man solche Pfeile schnitzt!

»Wittelsbach!« – Was soll das Winken
Mit den Bannern, den bestäubten?
»Wittelsbach!« – Was soll das Rufen,
Wenn der letzte Mann verröchelt?

Seht, sie stehn! Der greise Feldherr,
Schweppermann, der Graf von Nürnberg,
An der Spitze; die Verwegnen!
Und sie stehen! Die Gefangnen
Greifen zu verlornen Waffen,
Hauen durch die Reihn der Marter,
Ihre Schmach mit Blut zu rächen.
Ha, und aus dem Hinterhalte
Stürzen Reiter, wohl fünfhundert,
Auf den Rücken der bedrängten,
Der bestürzten Sieger ein.«

Wilder schlingen sich die Knäuel,
Dichter wirbelt Staub zum Himmel,
Reicher fließt das Blut zur Erde,
Geller heult das Kampfgeschrei.

Hei, was fliegt und flattert drüben?
Das sind Volkmars goldne Locken!
Will er sich die Sporen holen
In dem dichtesten Gedränge?
Lüstet's ihn, zermalmt zu werden
Unter Schilden, unter Panzern?
Wie er fliegt, der Heldenknabe!
Wie die blauen Augen leuchten!
Wie die strammen Sehnen zittern!
Wie die Adern auf der Stirne
Schwellen in des Kampfes Hitze!
's ist, als ob ihm Pfeil und Lanze
Prallten von dem leichten Rocke;
's ist, als ob die alte. Klinge
Drei- und vierfach in den Lüften
Auf die Schilde niederblitzte;
's ist, als ob die Runenzeichen
Wilder drauf und graus'ger glühten,
Frischgebadet in dem Blute;
's ist, als ob geheimer Zauber
In dem rost'gen Stahl erwachte
Und dämonisch wilde Kräfte

Überströmten in des Knaben
Fieberisch durchzucktes Mark.

Blitzschnell reißt er eine Gasse!
Staunend sinkt manch bärt'ger Krieger,
Wie von Gottes Strahl getroffen;
Nach die Bayern, nach die Schwaben,
Nach die ritterlichen Städter,
Wie ein Keil, aus Stahl, gegossen,
Eh'rne Panzermauern sprengend;
Jubelnd braust es: »Wittelsbach!«
dorthin fliegt er! Dreimal faßt er
Das zerfetzte Banner Habsburgs;
Dreimal ward es ihm entrissen.
Bis er es im Staub zertrat.

Und dem Herzog in die Zügel
Fällt er. Wie die Pfeile zischen,
Wie die Schwerter, Morgensterne
Sausen um des Edlen Haupt!
Noch ein Sprung und wiehernd stürzt sein
Schwarzes Berberroß zusammen;
Blutend sinkt der Held zur Erde,
Blutend Habsburgs Hoffnung hin.

Drauf die Städter, drauf die Ritter,
Stürmend über den Gefallnen!
Soll im Blute, soll im Staube
Unter Tritten, unter Hufen
Ludwigs Freund zertreten sein?

Nimmermehr! Jung Volkmar wendet;
Sausend haut die alte Klinge
Auf die Freunde, auf die tollen.
Schützend Friedrichs edles Haupt.
Heller flammt der Runen Zeichen;
Rein, wie Gold, sang seine Klinge,
Als beim letzten Schlag er blutend
Sinkt auf den Geretteten.

Boten über Boten flogen:
»Hilfe, Leopold, mein Adler!
Hilfe Habsburgs heil'gem Banner!
Hilfe!«– – – doch – es war zu spät.

3. Versuchung.

Volkmar. Das hat gegolten! – Still! – die Hütte ist
Umstellt; die Knechte sind gebunden; sie
Vermuteten uns nicht in diesen Bergen. –
Kein Blut, Kurt! Hörst du, Kurt? Kein Blut! Es ist
Genug geflossen über deutschem Boden!

    Das hat gegolten! Einen vollen Tag
Und eine Nacht vom Pferd nur, wenn es stürzte; –
Durch Wald und Dickicht über Berg und Tal
Die Spur verfolgt, die uns bis hierher führte!
Wir jagten auch ein edel Wild; sie sagten:
Es sei der tapferste von Friedrichs Kämpen,
Der klügste Kriegsmann unter Habsburgs Banner.
Mir ward der Auftrag, ihn zu fahen, sei's
Lebendig, oder tot, – ein ehrenvoller,
Ein schöner Auftrag für die alte Klinge
Und für den jungen Arm, dem sie vertraut!
»Du wirst zufrieden sein, mein Kaiser!« sagt' ich
Und warf mich blutend noch aufs Pferd. Er wird's!
»Von Fichteneck« – wenn ich des Namens denke,
– 's ist doch ein eigner Laut, – da wird mir's fast,
Als ob er alle Nerven lähmt' in mir,
Gleich einem Zauberwort vergangner Zeiten,
Das Bilder und Gestalten uns beschwört
Aus einer träumerischen Märchenwelt,
Die enger stets und schwüler uns umrankt.
Weg, weg damit! Die Laute und der Stahl –
Sie klingen schlecht zusammen, und die Laute
Muß schweigen, wenn das rauhe Eisen spricht;
Auch ist ja längst das Saitenwerk zerrissen, –
Zerschnitten!

Fichteneck. O mein Herzog!

Volkmar. Sieh, er schläft!
Es mag kein sanfter Schlaf sein auf der Flucht,
Wenn man verfolgt, verlassen und verblutend
Kaum einer Hütte seine Ruh vertraut;
Ein hartes Lager für die alten Glieder –
Auf Kummer ruhn und Wunden und der Schmach!
Das magst du nicht gewohnt sein, grauer Degen.

Fichteneck. Das Banner sinkt! O Habsburg! Habsburg!

Volkmar. Wie
Es in ihm schafft! – Ein trüber Traum für dich!
Das Banner sank.

Fichteneck. Gib's keinem Priester, Herzog;
Gib's keinem Pfaffen!

Volkmar. Ja, das war ein Schrei
Aus Eurem Lager, Ritter!

Fichteneck. Keinem Pfaffen!
O Gott!

Volkmar. Er reißt sich seine Wunden auf;
Ich muß ihn wecken; 's tut ihm nicht zu weh;
Sein Traum ist bitter, wie das Leben auch.
Spar deine Klagen für die Wirklichkeit;
Du könntest sie wohl nöt'ger brauchen. – Hört,
Herr Ritter!

Fichteneck. Rasch mein Pferd!

Volkmar. Herr Ritter, hört!

Fichteneck. Wer bist du? – diese Farben? – Wittelsbach! –
Verraten? Überfallen?

Volkmar. Ruhig, wenn's
Beliebt, Herr Ritter! Mögt Ihr mir verzeihn.
Daß ich um Euer Schwert Euch bitte.

Fichteneck. Ha!

Volkmar. Ist's jenes, will ich Euch die Müh' ersparen;
Nur wollt' ich's einem Ritter nicht im Schlaf
Wegstehlen.

Fichteneck. Nicht im Schlafe?! Tod und Teufel!,
Du bist wohl nicht allein hier, junger Fant?
Die Hütte ist umstellt mit hundert Schwertern?
Gebunden ist mein Volk? Soweit ist's doch
Mit uns noch nicht gekommen, daß man so
Ein bartlos Milchgesicht ausschickt, den Wolf
Von Fichteneck zu fangen, und man soll
Nicht sagen, daß die erste Niederlage,
Die ich erlebt, den Wolf von Fichteneck
Von Sinnen hab' gebracht! – Hier, Knabe! – Nein!
Gib's noch einmal und denke wohl daran.
Wenn du die alte Klinge wiegst, daß sie
Schon manchen Teufel in die Hölle jagte
Und manchen braven Rittersmann gen Himmel
Denk dran, daß Blut sie fünfzig lange Jahre
Blank hat erhalten und die Schneide scharf;
Erst seit drei Tagen rostet ihre Spitze.
Du hättest's nicht erleben sollen, Wolf!
Wärst du gestorben, wie du solltest, wände
Sie heut' aus deiner altersschwachen Hand
Kein Bube! – Wolf, – 's ist weit gekommen, Wolf!

Volkmar. Vergebt's dem »Buben«, daß er Euren Schmerz
Zu achten weiß und diese Worte nicht
Gehört hat.

Fichteneck. Nein, verstell' dich nicht! Ich bin
Seit wenig Stunden nicht mehr das, was ich

Gewesen. Lache, höhne! Ist mir's doch,
Als hätten wir uns schon einmal begegnet!

Volkmar. Ihr denket dran; was kümmert das Euch heute?

Fichteneck. Drum gibt's Gestalten, die durchs ganze Leben
Uns schattenhaft verfolgen. Bist du nicht
Derselbe, der sich diebisch in das Herz,
Das unbewacht arglose meines Kind's
Geschlichen? Sagt mir nicht der Priester: du
Hab'st meines Kindes reine Brust vergiftet
Durch Zauberformeln und durch Satanslieder?
Du habest ihres Blickes frohe Ruhe
Gestohlen und die Rosenwangen, die
Mir meine einz'ge Lust und Hoffnung waren?

Volkmar. Der Priester – ja!

Fichteneck. Hat er mir nicht gesagt,
Daß nur der Vaterstrenge ganze Kraft
Ihr diese Ruhe könne wiedergeben?
Gleich einem Opferlamm mußt' ich sie sehn,
Wie vor dem herben Worte zitternd, das
Ich selber zitternd aussprach, – wie sie dir,
Im Auge Tränen, – eine Fichteneck
Mit Tränen in den Augen! – sagte, daß
Sie deine Künste hasse und verachte.

Volkmar. Da sprach mit mir der Priester und nicht sie.

Fichteneck. Sagt er mir nicht, daß nur im Kloster endlich
Des Herzens Wunde wieder heilen könne?
Ich habe nichts sonst auf der weiten Erde
Zu lieben, als dies eine, einz'ge Kind;
Dich traf es nicht, wenn ich sie blutend mir
Vom Vaterherzen mußte reißen, um

Vielleicht für immer meine einz'ge Perle
In dumpfen Klostergrüften zu begraben.

Volkmar. »Der Priester« – und nicht sie! O, sagt es wieder!

Fichteneck. Und hört' ich nicht, wie ihre Wangen bleichen?
Ich glaub' es Wohl; 's weht keine Waldluft dort.
Und sagte er nicht, daß für ihr Seelenheil,
Nur wenn ich ewig ihr den Schleier ließe.
Die Kirche noch Gebete hab' und Gnade?
O Fichteneck! Ein Bube stahl die Blüte,
Ein Bube greift nach deinem alten Stamm.

Volkmar. »Der Priester« und nicht sie! – Betrogner Vater!

Fichteneck. Nun kommt der Hohn doch. O du darfst wohl spotten!
Grau sind die Haare ja und mürb die Knochen,
Und schartig und verrostet ist die Klinge,
Die sonst für unsre Ehre blitzte. Höhne!
Doch nimmer soll ein Betteljunge mir
Mein Kind entreißen; eher schläft der letzte
Der Fichtenecker in zerfallner Gruft.

Volkmar. So fluchet, fluchet noch im kranken Wahn
Dem armen, armen Kind!

Fichteneck. Bei Gott, so spottet
Kein Mensch, der noch ein Herz hat,
Volkmar. Fichteneck!
Ihr habt ein zartes Pflänzchen abgebrochen;
Trägt sie den Schleier schon?

Fichteneck. Nein, Satanas!
Frag' nicht in diesem Ton! Der Teufel lehrte
Dich diese Stimme.

Volkmar. Trägt sie schon den Schleier?

Fichteneck. Wenn nicht,– sie soll's! Es geht das Haus zu Grabe.
Hier ist mein Schwert.

Volkmar. Ich nehm' es nur mit der
Gewißheit – – – –

Fichteneck. Kümmert's dich? Nimm! Nimm!

Volkmar. Ihr gebt,
Bei Gott, Ihr gebt es keinem »Buben«, Herr!
Seht diese Klinge hier; sie focht schon gegen
Und focht schon für die Eure. Sagt, bei allem,
Was Euch noch heilig: trägt sie schon den Schleier?

Fichteneck. Nicht möglich!

Volkmar. Staunet Ihr? Was soll's? O Gott,
Nur diese eine Antwort ruhig! Seid Ihr krank? –
Ihr seid verwundet; ruht ein wenig!

Fichteneck. Nein,
Nicht möglich! doch – was trägst du eine Binde
Um deine Stirne?

Volkmar. Ihr mißgönnt mir wohl
Die Wunde vorn?

Fichteneck. Woher? Laß mir das Fragen.

Volkmar. Ein Herr von Rinddorf schlug sie mir.

Fichteneck. Wer Bayer!
Ha, so bist du der Junge, der so toll
Sich über Freund und Feind zum Herzog drängte
Und mit dem eignen Leib das edle Haupt
Beschützte?

Volkmar. Wie man mir befohlen.

Fichteneck. – Der
Betäubt zusammensank auf unsrem Herrn
Als eben mir das Blut aus Mund und Nase
Hervorschoß? Knabe, – deine Hand!

Volkmar. Herr Ritter!

Fichteneck. Was soll das Narrenspiel? Komm, komm!
Noch ist
Nicht alles aus. Wir ziehn zu Leopold;
Denn er wird eine Klinge brauchen können,
Wie deine. – Du vergiß'st ja wohl, was ich
Gesagt? Das alte Mark kann wohl das Fieber
Nicht meistern, wie das deine. Auf! wir müssen
Sie morgen schon erreichen; folge mir!

Volkmar. Ihr täuscht Euch, Fichteneck, so weh mir's tut!
Doch Ihr müßt folgen; Ihr seid mein Gefangner.

Fichteneck. So bist du nicht auf unsrer Seite? Hölle!
Träum' ich.?

Volkmar. Ich fechte für den Kaiser.

Fichteneck. Nun, auch wir.

Volkmar. Für *meinen* Kaiser, für den Herzog Ludwig,
Der mir gebot des Freundes Haupt zu schirmen.
Und sollt' mir's zehnmal auch das Leben kosten.

Fichteneck. Bei Gott, ein traurig Licht! 's ist fast zu trüb
Für meine alten Augen.

Volkmar. Faßt Euch, Herr!
Ihr werdet ritterlich gehalten werden.

Fichteneck. Wer fragt danach? Ich folge. Doch – ein Wort noch!

Volkmar. Sprecht, Herr! Wie gerne gönn' ich's Euch! Ich wollte:
Ihr hättet mir ein anderes zu danken,
Als daß ich heute Euch den Bügel halte.

Fichteneck. So sah ich niemand noch für Feinde fechten
Und hab' schon manchen wunderlichen Kampf
Geseh'n. Du bist nicht Habsburgs Feind.

Volkmar. Ich bin
Des Kaisers Dienstmann, wie Ihr wißt. Ich darf
Drum den auch meinen Feind nicht nennen, welchen
Mein Kaiser liebt.

Fichteneck So mein' ich nicht. Es ist
Nicht möglich, daß du Ludwig zugeschworen.
Wer dich in jenem letzten Augenblick
Bei Mühldorf kämpfen sah und bluten, darf
Geruhig schwören auf das heil'ge Kreuz:
Es ist nicht möglich!

Volkmar Dennoch ist es so.
Die Kampflust trieb die Unsern bis zum Wahnsinn,
Und nur das äußerste, das schlimmste nur
Von allen Mitteln konnte Friedrich retten.
Gewonnen war die Schlacht, der Feind am Boden;
Mehr wollte unser Kaiser nicht.

Fichteneck O stille!
Was ich mit ansah, redest du nicht weg.
Wie war's auch anders denkbar? Nein, du kannst
Den Bayern nicht so lieben, nicht so achten,
Wie du es solltest, wie du Friedrich muß't.
Du hast ihn wohl zum erstenmal gesehn?
Doch war's kein Ritter, war's kein Heldenbild.
Wenn er so stolz von Sieg zu Siege sprengte,

Bis er zusammenbrach? Sahst du ihm nicht
Im dunkeln Äug' das deutsche Feuer glühn.
Und auf der Stirne Kaiserhoheit thronen.
Daß mächtig es in jeder Ader pochte:
»Das ist der Kaiser!?« – Keine Antwort jetzt!
Ein jeder Schlag der jugendlichen Klinge
Rief damals:»ja!« Für ihn hast du geblutet.
Er ist ein Krieger, der's zu achten weiß.
Bewundernd strahlte noch sein brechend Auge
Auf dich, als du sie warfest um ihn her.
Und Ludwig! Weißt du es? Dein Heldenkaiser –
Er weinte, als sich seine Mannen schlugen!
Führ' mich, wohin du willst! Wirf mich in euer
Verborgenstes Verließ! Du bist um Ludwig.
Gelegenheit muß jeder Tag dir bieten;
Rett' deinen Kaiser, rette Friedrich!

Volkmar Herr!

Fichteneck Glaubst du: ein Habsburg werde je vergessen.
Was Treue wert ist in der Zeit der Not?
Du ringst nach Reichtum: Burgen, Wald und Felder
Versprech' ich dir auf treulich Ritterwort!
Nach Ehre: – hier winkt sie dir voll und reich,
Wie nirgends auf der Erde. Greife zu!
Du harrst noch auf den Ritterschlag: der Kaiser
Wird selbst dir ihn erteilen. Alles, alles
Ist dein; denn seine Achtung, seine Liebe
Hat jener blut'ge Tag dir schon erobert.
Du zauderst?

Volkmar Ja; – das Fieber packt Euch.

Fichteneck Mich?

Volkmar Verzeiht: ich müßt' Euch wahrlich sonst verachten,

Und das wird mir doch schwer bei weißen Haaren
Und einer solchen schartenreichen Klinge.

Fichteneck Verwegner Junge!

Volkmar Nein, vergebt; wenn es
In Eurem Lager, wo man freilich viel
Von wälschem Treiben und von wälschem Reden
Zu schlucken haben mag, so Sitte ist,
Treubruch zu lohnen, bin ich wenig lüstern,
Die Herrlichkeit des Nähern zu besehn
Und sie zu teilen; Gott bewahre mich!
Hier kämpfe ich für meinen Herrn und Kaiser,
Fürs Vaterland, fürs alte, heil'ge Recht;
Die Ehre findet sich mit Gott von selbst;
Nach Reichtum tracht' ich nicht; den Ritterschlag
Gabt Ihr mir selber auf dem Plan bei Mühldorf;
Schaut meine Schulter! –

Fichteneck Nein, so schnell sollst du
Das Ohr nicht schließen vor dem Ruf der Pflicht
Drei Stimmen hatte Friedrich bei der Wahl
Unstreitig, – viere Ludwig; zwei von diesen
Sind unecht, sind gespalten und erkauft.
Ist das dein Recht? – Die Reichsinsignien,
Kron', Szepter und den Apfel haben wir.
Und Ludwig ist mit falschem Gold gekrönt;
Ist das dein Recht? – Der heil'gen Kirche Fluch
Ruht auf dem Herzog und auf allen, die
Ihm dienen, wie des Reiches Acht; vergebens
Fleht vor dem röm'schen Stuhl er um Erlaß:
Ist dies das Recht, für das du fechten willst?

Volkmar Ich streite nicht mit Euch, ob deutsche Treu'
Vorm röm'schen Stuhle Recht ist, oder Sünde;
Das aber wisset Ihr so gut, wie ich,
Auf wessen Seite steht des Volkes Stimme,
Die nicht mehr mitzählt in dem Rat der Fürsten,
Noch doppelt, dreifach auf dem Feld der Ehre,

Wenn's gegen Bann und Acht die Banner hält.
Und Gottes Stimme sprach doch laut genug,
Und zählt wohl auch noch mit im deutschen Lande!
Bei Mühldorf, dächt' ich, schrieb sie's klar genug
Mit blut'gen Runen auf der Feinde Stirn',
Als wir für unser Recht die Schwerter kreuzten.

Fichteneck Des Unglücks Schläge nimmst du für das
Zeichen;
Es ist der Jugend Art, die ich nicht schelte.
Wenn du im laun'schen Würfelspiel des Schicksals
Beim ersten, raschen Blick den ew'gen Lenker
Erkennen willst in trüber Nacht. Noch glaube
Den alten Augen, die schon mehr gesehn,
Wie sich das Recht im Staube krümmen mußte
Vor der Gewalt und wie die Unschuld ward
Zertreten von des Teufels Hinterlist!
Glaub' deinem eignen Herzen, das so heiß
Im Streite für den wahren Kaiser schlug!
Er ist gefallen, ja! –er ist gefangen
Und seine Banner wanken und zerbrechen
Am blinden Glück des Bayernherzogs, wenn
Ein Himmelswunder nicht dareinfährt. Noch
Du kannst ja darum nicht die heil'ge Stimme
Des eigenen Gewissens Lügen strafen,
Weil just der andre heut' in Ehren sitzt,
In Glück und Reichtum, und mit falschem Purpur
Und seiner Flitterkron' liebäugelt, während
Dein Friederich, der Stern der Ritterschaft,
Der stolze, schöne, jugendliche Kämpe,
Durch List beraubt und durch Gewalt bestohlen.
Im Kerker trauert ums verlorne Reich.
O Deutschland, Deutschland, wieviel hast du schon
Gelitten und geduldet! Doch das kannst du
Nicht tragen, daß man deine Kaiser dir,
Daß man das Schönste deiner schönen Kraft
Dir wegstiehlt! Knabe, deine Augen sind
Doch blau und du hast keine Träne für
Dein Vaterland? In deinen Adern rollt

Doch deutsches Blut und du hast keinen Tropfen
Für deinen Kaiser? Nein, es ist nicht möglich!
Noch kann der Frevel dir im Purpurmantel
Nicht lockender erscheinen als des Unglücks
Geheiligt Bettelkleid! Dein Vaterland
Ruft laut dir zu; du mußt, du mußt es hören!

Volkmar. Bei Gott, ich hab' kein Herz von Stein, Herr
Ritter! Kein Blut, wie Eis, das nicht erwärmen könnte,
Ihr treibt ein böses Spiel mit mir, Vergeb'
Es Euch der über uns! Wenn alte Lippen
Nicht täuschen könnten? Habt Ihr recht? Nein, nein!
Ihr habt's nicht,– könnt nicht sagen, daß Ihr's habt!

Fichteneck. Du liebtest meine Hildegard. – Ich kenne
Dich nicht. Es ist etwas in deinen Augen,
Das ich nicht liebe, – wie ein böses Träumen –
Und doch – wenn du im Bettlerkittel, in
Der Bauernjacke vor mich trätest und
Mir sagtest, daß du meinen Herrn gerettet:
Mein einzig Kind – es war' mir nicht zu teuer
Um diesen Preis.

Volkmar. O sagt, – so trägt sie nicht
Den Schleier?

Fichteneck. Nein, noch nicht! Doch wird sie es
Unfehlbar; nichts wird sie dem Kloster mehr
Entführen als dies eine, das du kennst;
Und nichts wird sie der Priesterhand entwinden
Als diese eine, heil'ge, große Tat.
O laß ein narbenvolles, graues Haupt
Umsonst nicht vor dir stehen, laß die Lippen,
Die nur den Schlachtruf kennen, den Befehl,
Nicht vor dir bitten, laß die steifen Knie – –
Nein, das –, das kann ich nicht I Doch rette
Den Herzog, deinen Kaiser!

Volkmar. Ew'ge Allmacht!

Fichteneck. Und rett' auch sie, befrei' mein armes Kind!
Das ohne dich verschmachten muß im kalten
Gemäuer eines Klosters unter Pfaffen
Und alten Weibern. Brich die Blume, ehe
Sie bleicht im dumpfigen Verließe, ehe
Sie fault am eignen Grame, welcher schon
Die junge Knospe anfrißt! Rette mir
Mein Kind!

Volkmar. Herr Ritter, mehr ertrag' ich nicht – – –

Fichteneck. Er stürzt aufs Pferd! – Er sammelt seine
Knappen!
Was soll's? Sie reiten, daß die Funken stieben;
Er jagt davon, als ob ihn Teufel jagten –
Und mich vergißt er! – – – Das war deutsch!
Schad' um die kräft'ge Klinge! – Fahre wohl,
Du Herzensjunge, fahre wohl!

4. Das Siegesfest.

Zu Aachen im funkelnden Krönungssaal,
Da schallen die Lieder, da schäumt der Pokal;
Sie halten das letzte, das lustige Fest,
Eh das treue Heer den Kaiser verläßt;
    Denn Frieden soll es ja werden.

Im Hofe bei rötlichem Fackelschein
Singt Knecht und Knappe von Lieb' und Wein;
Und oben im Saale sitzen die Herrn,
Die Edlen des Reiches, Stern an Stern,
    Und trinken und singen hinunter.

Dort hinten am kleinen marmornen Tisch
Ein Häuflein zecht, so jugendfrisch;
Von Nürnberg der bärtige Schweppermann,

Der führt das Kommando, wie's keiner kann,
Beim Fechten, wie beim Gelage.

»Auf, trinket, ihr Herren, so lang es Zeit;
Denn morgen ist's aus mit der Herrlichkeit!
Die Schwalben ziehn zum Neste frei;
Singt, singt! Und ist die Frist vorbei,
　　So wollen wir wieder reiten!«

»Es schickt mir der Kaiser – 's kommt eben recht –
Einen goldenen Becher, so klar und echt,
Wie ich noch keinen gesehn im Land;
Ich setz' ihn fürs schönste Lied zum Pfand,
　　Das ihr mir zusammenreimet!«

Und der von Liebstein, ein Junge keck,
Der saß mit Sitten am untersten Eck;
Die Ritter lächeln und lauschen in Ruh,
Der griff in die Saiten und fang dazu;
　　»Was soll ich singen, als Liebe?

Ich saß um Mitternacht allein
Wohl still beim schäumenden Becher Wein,
　　Die Augen wurden mir trübe;
Der Regen schlug an die Scheiben mit Macht,
Es wühlte der Sturm in der tosenden Nacht
　　Und im Herzen, im Herzen die Liebe.

Ihr falschen Sorgen, nein, nimmermehr!
Nicht beb' ich vor Wettern, dunkel und schwer.
　　Vor der Blitze schmetterndem Hiebe;
Und doch – was klopft's in der Brust mir bang?
Das macht der Saite zitternder Klang
　　Und im Herzen, im Herzen die Liebe.

Noch ist nicht verklungen mein letztes Lied,
Noch hat es da drinnen nicht ausgeglüht,
　　Ob auch nur die Sehnsucht mir bliebe;
Was frag' ich nach Hoffen, was frag' ich nach Glück?

Ein Becher blinket, ein Sonnenblick
Und im Herzen, im Herzen die Liebe.

Und stünd' ich allein im tosenden All
Umdonnert von stürzender Felsen Schwall,
　Der unter dem Fuß mir zerstiebe:
O Wonne, von Tod und Schrecken umsaust!
Den Stolz auf der Stirne, den Trotz in der Faust
　Und im Herzen, im Herzen die Liebe!

Ich rief's; da strömte die Trän' ins Glas,
Und hochauf schäumte das funkelnde Naß,
　Damit mir's den Kummer vertriebe;
Hinab mit der Träne! Ob's schäumet und grollt.
In die Saiten gegriffen, die Nächte vertollt,
　Im Herzen den Tod und die Liebe!«

Da lacht hellauf der bärtige Chor:
»Wer lieben will, der stirbt zuvor!
Blondlockiges Knäblein, trink Wein, trink Wein!«
Und errötend beugte der Junge hinein
　Den Kopf in den wuchtigen Humpen.

Da hob sich Herr Rinddorf, riesig und schwer,
Ein Recke mit Narben in Kreuz und Quer';
Man zählt' an die dreißig. Schlachten dran.
Wie die Ring' am Eichbaum; das war ein Mann,
　Wie sie seitdem selten geworden.

»Blut, Blut, das ist mein Leben!
　Es schäumt im Becher dunkelrot;
　　Vivat der Sorgenbrecher!
　　Ein braver deutscher Zecher –
　Der trinkt sobald sich nicht zu Tod';
Blut, Blut, das ist mein Leben!

Blut, Blut, das ist mein Leben!
　Wenn morgens früh das Hüfthorn schallt,
　　Geht mir beim Bärenhetzen

Der schönste Hund in Fetzen,
So sing' ich fröhlich durch den Wald:
Blut, Blut, das ist mein Leben!

Blut, Blut, das ist mein Leben!
Wir reiten lustig in die Schlacht,
Und soll ich morgen sterben.
Will ich den Anger färben
(Ich Hab' mir's anders nie gedacht;)
Mit Blut, das ist mein Leben!«

Da lacht hellauf der bärt'ge Chor;
Er stürzte den Humpen fast übers Ohr;
Er stampft vor Lust, wild klirrt der Sporn;
Der ist ein Ritter von altem Korn!
»Wer singt mir ein besseres Liedchen?«

Der Alte dort mit dem schneeigen Bart –
Seht ihr ihn lächeln in seiner Art?
Er wischt sich den Mund, vom Weine naß;
Er klappt mit dem Stelzfuß; es dröhnt sein Baß,
Daß die Wölbung zittert im Saale.

»Der Kaiser nimmt des Reiches Kron;
Es kriegt ein jeder seinen Lohn;
Ich hinke heim auf einem Bein;
Ich hab' den meinen schon.

Zu Mühldorf – wer hätt' das gedacht? –
War' fast der Sach' ein End' gemacht,
Verhungert war' schier Mann und Maus
Zu Mühldorf in der Schlacht.

»Und jedermann bekommt sein Ei;
Der fromme Schweppermann kriegt zwei!«
So sprach der Kaiser auf dem Plan;
Da war der Krieg vorbei.

Der Kaiser nimmt des Reiches Kron;
Es kriegt ein jeder seinen Lohn;
Ich hinke heim auf einem Bein;
    Ich hab' den meinen schon.«

Da lacht hellauf der bärt'ge Chor:
»Zwiefach soll trinken, wer's Bein verlor!«
Und er trank, bis der volle Humpen baß
Wie ein Helm auf dem eisigen Schädel saß,
    Eh' er genug getrunken.

Und die Reihe kam an den Schweppermann:
»Ihr Herren, ein Liedlein ich singen kann;
Ich habe den süßen Minneschall
Gelernt von keiner Nachtigall
    Im dichten, grünen Walde.

Ich habe zum Singen wohl eine Zung'
Und eine Kehle; das ist genung,
Ich brauche nicht lange Melodei;
Ich singe von der Leber frei,
    Wie ich im Feld gesungen.

    Die Zunge mein ist eitel Erz;
Durch Mark und Bein dringt sie ins Herz;
Laut soll sie schallen durch Freund und Feind:
Ein Hund, wer es nicht ehrlich meint!
    Es lebe der Kaiser, mein Herre!«

Und mit dem Schwerte, von Schlachten blank,
Zerspaltet er donnernd die Marmelbank;
Hell spritzt der Wein zur Decke hinan: '
»Es lebe der alte Schweppermann!
    Er hat den Becher gewonnen!«

So trank« sie durch die wilde Nacht,
Bis dämmernd im Fenster der Tag erwacht;
Du alte Zeit, wo ist dein Mark,

So unverwüstlich, so riesenstark
In Lust und auch in Taten?

Und zu der gleichen Stunde fast
Auf Trausnitz saß ein trüber Gast;
Am Gitter lag die Stirne lang;
Er sah hinunter den Felsenhang
Und hörte die Mühle rauschen.

Der Märzwind zog mit leisem Hauch
Warm durch die Nacht, um Baum und Strauch;
Dort lag noch Schnee, – der Wald war kahl.
Es zitterte heimlich das ganze Tal
Im ersten Frühlingsschauer.

»Wie bin ich worden so müd und bleich, –
Der stolze Herzog von Österreich!
O Frühling, du sprengst mir das Herz noch entzwei!
O Freiheit, was ziehst du am Gitter vorbei,
Am Gitter des armen Gefangnen?«

Und hinter ihm rauscht es; er wendet sich um;
Es war ein Gruß so bitter, so stumm;
Sie haben sich nimmer gesehn zuvor.
Seit der Herzog Land und Krone verlor
Zu Mühldorf auf dem Plane.

Sie schauen sich an mit starrem Blick;
Und der Kaiser wirft den Mantel zurück:
»Behagt's Euch auf dem Felsennest,
Mein werter Vetter?« (so spricht er fest),
»Habt Ihr zu klagen hier oben?« –

«Ihr gabt mir ritterliche Haft,
Wie's Brauch ist bei edler Ritterschaft;
Ich wollt', ich lag' im tiefsten Grund;
Ich müßte dann nicht sehn allstund
Die Freiheit vor meinem Gitter!«

»Herr Vetter, zürnet dem Geschick!
Mich grämet Euer trüber Blick;
Ihr solltet hinaus, – Ihr werdet bleich!
Entsagt der Krone, entsagt dem Reich;
   Dann mögt Ihr ziehen in Frieden.«

Wie knirscht in den Zähnen das leise: »Nein!«
»Und müßt' es im Käfig gestorben sein!« –
Ein Blick in die Nacht noch, so klar, so frisch, –
Dann setzte er sich an den eichenen Tisch
   Und legt den Kopf in die Hände.

Und traurig sieht ihn der Kaiser an:
»Herr Herzog, Ihr seid ein armer Mann!
Was hilft Euch die Krone, was hilft Euch der Stolz?
Der unbefleckte Glanz zerschmolz
   Auf Eurem blanken Wappen.«

»Ich will Euch berichten in alter Treu:
Euer Bruder sammelt ein Heer aufs Neu';
Dreihundert Ritter hat er zur Stell';
Flink ist und tapfer der kecke Rebell'
   Und Ruhe brauch' ich im Lande.« –

(Und über die fahle Wange fliegt
Ein leises Rot; – «Und wenn er siegt!« –)
»'s ist wahr: es kostet mich eine Schlacht,
Doch fehlt ihm das Recht, es fehlt ihm die Macht, –
   Und Ruhe brauch' ich im Lande. «

»Bedenket es, Herzog von Österreich;
Entsaget der Krone, entsaget dem Reich!« –
Wie biß er sich scharf in die Lippen ein,
Wie knirschte verzweifelnd das herbe: »Nein!«
   Eh der Kopf in die Hände gesunken.

Und leise, wie aus himmlischen Höhn,
Durchs offene Fenster zieht ein Getön';
Es war kein Lied, kein irdischer Sang, –

Das Eichenrauschen, der Waldesklang
Aus alten, vergessenen Zeiten.

»Es schwuren die zwei, sich Brüder zu sein
In Kampfesnacht und Gewitterschein;
Und rostet die blinkende Klinge,
Dann schreit zu dir ein verratenes Blut,
Dann, heiliger Thor, dann schwinge
Der Blitze Glut
Auf den, der die Treue gebrochen!«

Dumpf sang es fort; der Kaiser spricht:
»Das ist mein Knappe, der kecke Wicht;
Er hält im Hofe mein Pferd bereit;
Er singt das Lied aus der alten Zeit;
Herr Vetter, denkt Ihr der Zeiten?«

Und lauschend die Lippe halb offen stand.
Und vom brennenden Auge sank die Hand;
Als hätt' ein Engel drüber gehaucht.
Aus schwarzem Grunde tief unten taucht
Ein Schimmer der Kinderzeit wieder.

»O süße Freiheit! O selige Lust!
Du wunderlich Regen in toter Brust!
Herr Kaiser, nehmet die fürstliche Hand;
Ich entsage dem Reich, entsage dem Land;
Heut' habt Ihr die Krone gewonnen!«

»Laßt mich reiten, Herr Kaiser; versucht mein Glück;
Ich bring' Euch die echte Krone zurück;
Und sollt es sein, – wenn's nicht möglich war',
Ich stelle mich wieder; die Ritterehr', –
Die lass' ich Euch heute zum Pfände.«

Und Hand in Hand, Nicht finster, nicht mild,
So standen sie lange, ein ehernes Bild;
Im Hofe drunten verklingt das Lied

Und warm der junge Märzwind zieht
Herein durchs offene Fenster.

5. Ein Heerzug.

Es zogen ihrer Fünfe talabwärts durch den Tann;
Sie ritten trüb, bedächtig; sie ritten Mann für Mann,
   Als hätten sie gar schwer zu tragen;
An ihren blanken Waffen, da leckt und nagt der Rost;
In ihren Bärten nistet der Nebel und der Frost;
   Sie ließen nisten, nagen.

Ein Herzog zieht zu Felde; mag das ein Herzog sein!
Sein schwarzer Hengst von Mühldorf hinkt noch an einem Bein,
   Das eine Lanz' ihm dort zerstochen;
Her Kaiser hatte gesprochen:»Nehmt Euch mein bestes Roß;
Nehmt Euch, was Ihr begehret, von meinem ganzen Troß!«
   Er hat's umsonst gesprochen.

«Mein alter, treuer Rappe, der ist mir eben recht;
Weil mir nicht alle dienen, so brauch' ich keinen Knecht
   Aus Eurem Bayern, Eurem Franken;
Ja, wollt Ihr Euren Knappen mir gerne leihn so lang.
Daß er den Weg mir kürze mit seinem muntern Sang,
   Das wollt' ich Euch wohl danken.«

Da hat das Pferd sich wiehernd vor seinem Herrn gebäumt,
Da hat der Gischt am Maule ihm lustig aufgeschäumt,
   Und stampfend zitterten die Glieder;
Dem Knappen regt sich's plötzlich, wie stürm'sche Frühlingsluft,
Wie wenn zum ersten Male die Lerche wieder ruft;
   »Es geht die Donau nieder!«

Lautsingend er das Rößlein von warmer Krippe band;
Lautsingend putzt und rüstet er Waffen und Gewand;
   Lautsingend zieht er seine Straßen:
»Vergebt, mein hoher Herre, vergebt mir Sang und Scherz;
Seh' ich ein trübes Auge, seh' ich ein traurig Herz,
   Da kann ich's fast nicht lassen!« –

Drei Ritter seines Lehens, die ihm nach Strauß und Streit
Gefolgt vom blut'gen Anger in seine Einsamkeit
   Und treulich bei ihm ausgehalten.
Die hängten heut' die Köpfe; sie schauten ernst zurück,
Als ging's nicht in die Freiheit, als winkte nicht das Glück
   Den finsteren Gestalten.

Und wenn sie ferne sahen ein Münster, oder Schloß,
Lenkt' stumm der stolze Herzog zur Seit' das müde Roß
   Mit festem Druck, und knirschte leise;
An öden Bauernhütten, dort hält das Trüpplein Rast;
In wilden, kalten Schluchten beim glimmenden Eichenast
   Geht still das Horn im Kreise.

So ritten sie, die Fünfe, talab manch bleichen Tag,
Wo rings auf Wald und Wiese der trübe Nebel lag;
   Nur auf den Reitern lag er trüber;
Noch schimmert da und dorten der Schnee am kahlen Hang,
Noch lagen rings die Felder tot, ohne Sang und Klang;
   Der Märzwind pfiff darüber.

Da flüsterte der erste der Ritter leis genug:
»Was hilft uns Luft und Freiheit? 's ist eitel Lug und Trug!
   Was nützen Waffen uns und Pferde?
Ha, denk' ich an den Bayern und an sein Bauernpack:
Ich wollt', ich säß zu Trausnitz und hätt' die Faust im

Sack,
    Statt an dem rost'gen Schwerte.« –

»Urfehd han wir geschworen: (flüstert der andre drauf);
Der Teufel soll sie holen; es war ein schlimmer Kauf,
    Um bei lebend'gem Leib zu faulen;
Ich wollt', ich läg' zu Mühldorf, gebettet unterm Feind;
Das ist die einz'ge Urfehd', die ehrlich ich gemeint,
    Seitdem ich ritt auf Gaulen.« –

»Mir ist es gleich zu Trausnitz, zu Mühldorf, oder Wien, –
Wie ich mit meinen Fäusten, *wo* ich dem Herzog dien';
    (So knirschte leiser noch der letzte:)
Doch der ist nicht mein Herzog, der meine Ehr' verriet,
Der mir das Schwert verhandelt, der's grimmig murrend sieht,
    Daß ich die Waffen wetzte;«

»Der nicht, der einen Laffen zum Freunde nehmen kann,
Der's Herz von Eisen wegwirft an einen Leiermann,
    Der um ein Lied sein Land verraten!
Ich schwur zu Trausnitz droben links meinen Fehdeeid;
Frei ist noch meine Rechte; Geduld, es kommt die Zeit,
    Da lob' ich mir die Taten!«

Und fester faßt die Zügel der schöne Friederich,
Und stolzer in den Sattel im Bügel stemmt er sich.
    Als er das leise Wort vernommen:
Jung Volkmar schaute ruhig und fest ihm ins Gesicht;
»Hört Ihr's dort hinten brausen? Das macht: der Winter bricht;
    Der Frühling muß wohl kommen!«

Und wie sie also sprachen, den Hügel ging's hinan,
Und wie sie oben standen, da war es aufgetan.
    Das weite Land zu ihren Füßen;

Sie hielten ihre Pferde; man hört auch nicht ein Wort!
Dort unten St. Maria, und Wien im Dufte dort!
　　Es war ein banges Grüßen.

Grün zwittert auf den Espen der Sonne goldne Spur,
Grün zittert's in den Gründen, hellgrün in weiter Flur, –
　　Ein buntes, wunderliches Regen;
Lautjubelnd stieg vom Anger der Lerche frühe Lust;
Da hielt es Volkmar nimmer; er sang mit voller Brust
　　Dem jungen Lenz entgegen.

»Es bricht jawohl da draußen des Winters starres Erz;
Es muß, es muß ja brechen, du töricht Menschenherz,
　　Mit deinen Mühen, deinen Qualen;
Laß sie noch einmal saufen, laß wehn die Winde kalt:
Es muß ja alles brechen vor deiner Allgewalt,
　　O Lenz, und deinen milden Strahlen!«

Was huscht zu St. Maria noch um der Kirche Chor?
Was flüstert hinterm Pfeiler? Die Angel knarrt am Tor,
　　Und wieder schleichen stumm die Stunden;
Es flattert eine Kutte, es klirrt, wie Waffen, klar;
Es glänzt dort aus dem Dunkel ein schwarzes Augenpaar
　　Hellauf – und ist verschwunden. –

Da springt er von der Mauer; da drängt er durch den Zaun
Auf dem gewohnten Wege, den er sich einst gehau'n
　　Und durch die wildverwachsnen Scharten;
Zum drittenmal geht Volkmar die Hügel auf und ab;
»Ich suche keine Blumen, – ich suche nur ein Grab,
　　Ein Grab im Klostergarten.«

»Wo soll ich dich noch finden im engen Klosterkreis?
Wie soll ich euch noch fragen, ihr Mauern, kalt und weiß.
　　Und ihr zerkniete Marmorstufen?
Stumm ist mein Mund geworden, stumm ist die Welt

umher;
Ich habe keine Lieder, seit du verschwunden, mehr,
Um dich zurückzurufen.«

»Des Todes Blumenbeete im bleichen Mondenschein –
Da liegen sie so friedlich! Kein Name und kein Stein
Sagt, wieviel Tränen sie bedecken;
Heut' klopft an eure Bahre des Frühlings fromme Macht;
Heut' muß in kalter Tiefe die milde Zaubernacht
Auch euch da drunten wecken,«

»Dort ragt ein frischer Hügel; ob der sie mir umschloß?
Dort heben sich die Schollen; dort regen leise, los
Sich scheu die zarten Frühlingskinder;
O Liebe, hilf mir rütteln an ihrem morschen Haus;
O Lenz, gib mir sie wieder und rufe sie heraus,
Du Todesüberwinder!«

»Sie hat mir nicht gelächelt aus ihren Tränen mild;
Sie gab mir keine Blume, das stille Nonnenbild,
Als noch ihr rosig Antlitz glühte;
Jetzt regt sich wohl da drunten dein Herze, kalt und wund.
Jetzt bietest du mir reuig herauf aus finstrem Grund
Die erste bleiche Blüte.

Ich will ja keine Blumen, ich suche nur ein Grab;
Kannst du nicht wiederkehren, so rufe mich hinab;
Fahr hin, fahr hin, du leeres Leben!
Was soll der Lenz mir nützen, den mir kein Strahl erhellt?
Ich will allein nicht bleiben auf dieser öden Welt;
Fahr hin, du leeres Leben! – –

«Das wollen wir dir helfen! der Kerl ist vogelfrei!»
Ein Schlag, – ein dumpfes Schmettern, – ein grausig schriller Schrei
Ein flimmernd blitzendes Gefunkel; – –

Aufschnellt der Schwergetroffne, wie's um ihn saust und braust;
Sein Schwert klirrt in der Scheide, es fliegt ihm in die Faust;
  – –Dann wird's rings stumm und dunkel.

Im Grase wischt der Recke den Morgenstern und lacht;
Schad' um die kräft'gen Hiebe! Er hat mir's leicht gemacht;
  Der arme Junge hat nun Frieden!
Sei's drum! Er singe drüben die alten Litanein,
Und ist's ihm nicht vergangen, mag er den Teufel frei'n!
  Herr Abt, seid Ihr zufrieden?«

Und in dem schwarzen Blicke den festen, finstern Brand,
Trat Adalbert zum Ritter und bot ihm seine Hand;
  »Gott gnade seiner armen Seelen!
Ich wollt' ihn nicht ermorden; das Blut bringt stets Gefahr;
Zu Wien hätt' ich ihn lieber in sicherem Gewahr;
  Doch soll mein Dank nicht fehlen.« –

»Nicht Euretwegen macht' ich die alte Klinge naß;
Behaltet Euer Danken; ich tat's aus eignem Haß;
  Ich bin kein Freund von langem Streiten;
Er hat zuviel gepfiffen, daß mir die Ader schwoll;
Ich schenk' Euch nun die Leiche; Herr Abt, bewahrt sie wohl;
  Laßt mich zum Herzog reiten!«

Und alles war verschwunden, als wäre nichts geschehn;
Nur dort am frischen Hügel war noch das Blut zu sehn,
  Hinuntersickernd durch den Boden;
Es wühlt sich warm den stillen, geheimnisvollen Lauf;
Es heben sich die Schollen; es dringt von unten auf,
  Als suchten sich die Toten. – – –

Da springt es von der Mauer; horch, wie's den Zaun zerbricht!
Sieh, wie die grauen Locken umstarren sein Gesicht
   Und seine Augen, stier und gläsern!
Es taumelt um die Hügel; es fliegt vorbei und kehrt;
Dort blitzt im Mondenlichte jung Volkmars bloßes Schwert;
   Dort tropft's noch von den Gräsern.

Da stürzt er in die Knie und sinket jammernd hin;
Da taucht er seine Finger ins Blut in wirrem Sinn,
   Und wieder ist er aufgesprungen;
Jetzt steht er überm Hügel, ein grausig Riesenbild;
Jetzt hebt er seine Hände zum Himmel starr und wild
   Und ruft mit Donnerzungen:

»Sie haben dich gemordet, wie einen Hund im Wald;
Gemordet und erschlagen meuchlings, bedächtig, kalt,
   Bist du in deinem Blut geschwommen!
Du hast für deine Treue kein ehrlich freies Grab;
Sie warfen dich von hinten, von hinten dich hinab;
   Ich bin zu spät gekommen!«

Doch jetzt, – jetzt will ich schreien ihm in sein Kaiserzelt,
Daß ihm vom Vaterfluche das Mark im Leibe gellt
   Des Längstbegrabnen, des Gebannten;
Es soll dich niederschmettern des Jammers wilder Schrei;
Die Treu hast du ermordet, das Recht ist vogelfrei
   In deinen blut'gen Landen!«

»Ihr habt ihn mir erschlagen, wie einen Hund im Haag;
Ich will ihn wieder haben, wo er auch liegen mag;
   Die Leiche will ich wieder haben!
Werft eure blut'ge Schande in den geheimsten Schlund;
Mit meinen Nägeln will ich ihn scharren aus dem Grund
   Und unter Eichen ihn begraben!«

V. Die Sühne.

1. Leopolds Tod.

Will dir nichts die Stirne kühlen?
Nichts den Brand in deinen Adern?
Ruhlos auf den seidnen Pfühlen
    Liegt der Herzog Leopold.
Kann dir nichts die Bilder bannen.
Die um deine Seele hadern?
Hörst du Ritter nur und Mannen
    Schlagen um der Ehre Sold?

Horch! – doch nein, 's ist still hier innen.
Daß es deine Doggen schläfert;
Kaum die Sanduhr hört man rinnen
    Auf dem Tisch von Marmelstein;
Durch die halbgeschlossnen Lider,
An den Wänden, schwarz getäfert,
Siehst du Schatten auf und nieder
    Wandeln mit den Arzenein.

Siehst du an des Bettes Rande
Deinen Atemzug belauschend
In dem faltigen Gewande
    Adalbert, vom Wachen matt?
Siehst du seine Hände falten.
Ernste, trübe Blicke tauschend,
Fichteneck, den treuen, alten,
    Über deines Lagers Statt?

»Muß ich hier gefesselt liegen.
Schlimmer noch, als eine Leiche,
Statt von Kampf zu Kampf zu fliegen,
    Wo man sich um Kronen zankt.
Wo ich eines Gottes Blitze
Schleudern möchte in die Reiche,

Wo auf eines Schwertes Spitze
    Meines Hauses Ehre schwankt?« –

»Ruhig, ruhig, teurer Ritter!«
(Spricht der Abt, zurück ihn haltend.)
»Ha, beschwöret das Gewitter
    Nicht mehr aus dem heißen Blut!
Wollt ihr Euren Arm erproben,
Und im Geiste Schädel spaltend
Um Euch wüten, wollt Ihr toben,
Pfui, wie es ein Knabe tut?«

»Ruht! Gesund sind Eure Glieder,
Wie sie's nie vor Zeiten waren;
Tausend Ritter stehen wieder
    Eures starken Winks bereit;
Schont das Haupt, vor dessen Throne
Sich der Erde Mächte scharen, –
Schont das Haupt, das eine Krone
    Tragen soll durch Kampf und Streit!«

Nieder sinkt ein mattes Lächeln
Auf den bleichen Fieberkranken;
Seine heiße Stirne fächeln
    Heiß're Träume, glückbeschwingt;
Knirschend liest der Fichtenecker
Die verstohlenen Gedanken
In dem Blick des Abts, der kecker
    In sein ehrlich Antlitz dringt.

Siehe, was erschracken beide?
Und der Kranke regt sich bange,
Als im schlichten Reiterkleide
    Friedrich eintrat ins Gemach:
»Abschied nehmen will ich, Bruder;
Denn ich weilte viel zu lange;
Führe du das schwere Ruder,
    Das in meiner Hand zerbrach!«

»Nein, noch hielt ich es bis heute;
Du, nur du darfst mich bestehlen.
Wahre deine schwere Beute,
    Wahre sie mit Mann und Knecht;
Mag ich doch umsonst nicht bitten.
Wo ich besser sollt' befehlen;
Seht, wie ihr die Krone mitten
    Durchschlagt durchs gebrochne Recht!«

»Ritter, die mir Treue schworen,
Nie mit mir zu Trausnitz saßen,
Selbst mein Knappe ist verloren,
    Ist verschwunden, – immerhin!
Haben alle mich verlassen,
Bleibt mir nichts als meine Wehre,
Auf dem rauhen Pfad der Ehre, –
    Ungebrochen zieh' ich hin,« –

»Ist's Euch Ernst? Wollt Ihr von hinnen?«
(Wie des Abtes Blicke brannten!)
»Ha, mein Fürst, Ihr seid von Sinnen,
    Kränker, als der Kranke dort!
Was dem Bayern Ihr versprochen,
Dem Geächteten, Gebannten,
Ist gelöst und ist gebrochen
    Durch der Kirche heilig Wort.

»Schüttelt ab die Kinderträume,
Die das edle Herz betöret;
Es sind höllentstiegne Schäume,
    Was Euch Euren Weg vertrat;
Soll Euch zum Propheten werden
Eine Kutte? Höret, höret: –
Das Alleinzige auf Erden,
    Was da heilig, ist die Tat!«

»Oder geht auf frommen Wegen,
Geht ins Kloster; laßt Euch mahnen;
Dort mögt Ihr die Wunden pflegen,

Die die eigne Hand Euch schlug;
Macht den stolzen Ruhm zunichte,
Seid nicht wert der großen Ahnen,
Wert nicht, daß die Weltgeschichte
    Eines Habsburgs Schulter trug!«

Und vom Lager stöhnt des Kranken
Leises, schmerzerpreßtes Schreien;
Um die bleichen Lippen schwanken
    Worte grausen Fieberwahns:
»Sollen Ritter dir und Knappen,
Sollen mir sie höhnend speien
Auf das stolze Heldenwappen
    Unsers kaiserlichen Ahns?«

»Geh' und sieh, ob sie zerreißen,
Deines Blutes ew'ge Bande,
Die dich sicherer, als Eisen,
    Fester binden, als das Wort!
Aber unser Schwert nur schreibe
Den Vertrag um unsre Schande!
O mein Kaiser, bleibe, bleibe
    Unsrer großen Väter Hort!«

Sieh, jetzt bebt der stumme Degen;
Hat's ihn in die Brust getroffen?
Unter den gewalt'gen Schlägen
    Zittert endlich ihm das Herz?
Sieh', es regt sich die Gardine
Und er schaut die Pforte offen,
Schaut mit marmorbleicher Miene
    Stehen den lebend'gen Schmerz.

Aus dem Arm der Kammerfrauen
Richtet es sich langsam, schweigend;
Herrlich war das Bild zu schauen
    Trotz der Tränen herbem Salz;
Ohne Wanken, ohne Wenden,
Leicht empor das Antlitz neigend,

Sicher mit den irren Händen
Sucht sie sich an seinen Hals.

»Friederich, du könntest wollen,
Daß ich nicht dein Herz mehr finde?
Daß du leerest deinen vollen
Unglücksbecher ohne mich?
Laß mich nicht vergebens winken,
Die Verlassene, die Blinde;
Laß mich, laß mich mit dir trinken
Bis zum Grunde, Friederich!«

»Sieh, acht Nächte und acht Tage
Sah ich durch der Tränen Schimmer
Nur nach dir, – acht lange Tage!
Und den neunten sah ich nicht;
Niemals, niemals wird er kommen,
Hör' ich deine Stimme nimmer;
Alles hast du mitgenommen,
Selbst mein goldnes Sonnenlicht.«

»Und ich will ja alles geben
Freudig, wie es Gottes Wille;
Mehr als Glück, und mehr als Leben,
Sah ich dir zulieb' vergehn;
Ob du lächelst, ob du grolltest,
Stille will ich halten, stille;
Und du konntest und du wolltest
Ohne Abschied von mir gehn?«

»Hier, hier soll mein Jammer enden.
Wo mein Glück ist angebrochen;
Fest mit meinen schwachen Händen
Halt' ich dich in meinem Bann,
Will mit Tränen dich umspinnen;
Brich, was du mir hast versprochen!
Reiß dich los von meinem Minnen,
Wenn du kannst, du starker Mann!«

Stumm hält er das Weib umschlungen,
Drückt sie mild ans rauhe Koller;
Selige Erinnerungen,
   Die er in den Armen hält!
In des Abtes Blicke gleißend
Strahlt des Sieges Freude voller;
Und den stummen Schmerz verbeißend
   Flüstert Fichteneck: »er fällt!«

Todesstille! – Plötzlich schauern
Leise Töne aus den Steinen:
's ist, als ob des Schlosses Mauern
   Zitterten in scheuem Klang;
's ist, wie wenn rings in den Lüften
Ungeseh'ne Geister weinen;
's ist, wie wenn aus tiefen Grüften
   Käme der gespenst'ge Sang.

»Es schwuren die beiden, sich Brüder zu sein
In Kampfesnacht und Gewitterschein;
Und rostet die blinkende Klinge,
   Dann schreit zu dir ein verratenes Blut,
Dann heiliger Thor, dann schwinge
Wer Blitze Glut
   Auf den, der die Treue gebrochen!«

Niemand, niemand hat's verstanden;
Nur der Herzog hat's vernommen;
Waren es die gottgesandten
   Klänge einer andern Welt?
Leise löst er ihre Arme
Und sie fühlt es stumm beklommen,
Daß auf ihre Stirn' die warme,
   Letzte Abschiedsträne fällt.

Als aus des Gemaches Mitte
Sie die Kammerfrauen führten,
Trat auch er mit festem Schritte
   An des Tages Licht hinaus;

Hat er auch kein Wort gesprochen,
Als die Lippen sich berührten.
Ging das Herz doch ungebrochen
    Aus des Lebens schlimmstem Strauß. –

Und es zittert auf vom Lager
Mit den geisterbleichen Wangen,
Mit den Fingern, lang und hager.
Greifend in die leere Luft;
Aus den Höhlen, voll von Grimme,
Gläsern ihm die Augen hangen;
Wie vom Grabe tönt die Stimme,
    Nie dem Bruder heulend ruft:

»Fluchen, daß du uns verlassen,
Fluchen will ich, eh' ich sterbe!
All mein Glühen, all mein Hassen
    Auf den Hals dir, – dir, nur dir!
Mit der Hölle will ich ringen
Um des Hauses heil'ges Erbe;
Soll die Welt in Stücke springen:
    Mir den Purpur! mir, nur mir!«

Horch, es stockt! – Ein dumpfes Stöhnen
Quirlt aus der erstickten Kehle;
In des Abtes Armen dehnen
    Sich die Glieder, wild und wund;
Noch ein Stoß – und 's ist vorüber;
Noch ein Stoß – und seine Seele
Zuckt noch einmal, fliehend über
    Den geschlossnen Heldenmund.

Horch, der Sanduhr Körner fallen
Nimmer; des Kamins Geglosler
Schweigt, und um die öden Hallen
    Stirbt das letzte Tönen fern;
Horch, schon läuten sie die Glocke;
Flüstern hört man Paternoster;

Leise heult die treue Dogge
Unterm Bette um den Herrn.
Fichteneck zur Leiche tretend
Drückt ihm zu die Augenlider; –
»Pfui, Herr Graf, – wie Weiber, betend
Stehen wir, der Feinde Spott!
Laßt den Kaiser (Gott verdammt es!)
Nicht entwischen! Werft ihn nieder!« – – –
»Mönch, das ist nicht deines Amtes; –
Laß ihn ziehn mit seinem Gott!«

2. Tief im Grunde.

Tief im Grunde,
Wo des Schlosses
Fundamente
Aus der Erde
Felsenrippen
Trotzig wachsen,
Atmet es im Winkel sacht;
Leise Stimmen
Flüstern heimlich
Aus den Spalten
Des Gesteines,
Die hinunter
Unergründlich
Führen in der Erde Schacht;
Gnomen steigen
Auf und nieder,
Wunderliche,
Erdgestalten,
Edelsteine
An den Kappen,
Bläulich flimmernd durch die Nacht.

Dort beim Schläfer
Auf dem Lager
Stehn sie stille;

Mit den klugen,
Hellen Äuglein,
Schaun sie traurig
Ihm ins bleiche Angesicht,
Streichen seine
Blut'gen Locken
Von der Stirne
Und berühren
Seine Wunde
Mit den mächt'gen
Zaubersteinen, hell und licht.
Bis die Lippe
Wieder lächelt,
Bis aus seinen
Starren Augen,
Lebensgruß und
Lebenszeichen,
Langsam eine Träne bricht.

»Schlafe, schlafe,
Müder Schläfer,
In der Erde
Wohnt der Friede,
Trost der Tränen,
Sinke nieder;
Rauh ist's oben, rauh und kalt.«
Und sie flüstern
Wunderbare,
Alte Weisen
Leiser, leiser,
Bis ob seinen
Träumen schwebet
Eine liebliche Gestalt;
Da verschwinden
Sacht die Kleinen. –
Unergründlich
Ist die Tiefe,
Und unendlich

Ist der Erde,
Ist des Lebens Allgewalt.

Durch das Gitter
An der Necke
Scheint ein bleicher
Stern vom Himmel;
Durch das Gitter
Schaut sein Auge
Sehnsuchtsvoll ins Blau hinaus.
Und er grüßt die
Sterne droben,
Und die Hoffnung
Winkt herunter;
Seine bleichen
Lippen lächeln,
Lächeln in des Kerkers Graus.
Schwellend klopfen
Seines Herzens
Alte Schläge
Und von hellen,
Ungewohnten
Klängen zittert
Das granitne Felsenhaus:

»Sie haben mir erstochen
   Am Zaun mein treues Pferd;
Wer weiß, sie han zerbrochen
   Mein altes, gutes Schwert;
Und ob mein Freund, das Käuzchen, schreit
   Am Gitter oben, dumpf und hohl:
Noch ist nicht meine Knappenzeit
   Vorbei; das merk' ich wohl.

Ich habe satt das Lungern
   Auf faulem Kerkerstroh;
Sie wollen mich verhungern;
   Sie werden des nicht froh;
Wer so mit seinem Durste ficht,

Der munter mich und wach erhält.
Der hat den letzten Becher nicht
Getrunken auf der Welt.

Wohl spür' ich Tränen traufen
   Mir aus den Augen gleich:
Mein Lieb ist mir entlaufen –
   Und gar ins Himmelreich!
Du schöner Engel, fromm und licht:
   Ob's deine Nähe machen muß?
Mir ist, ich hatt' noch lange nicht
   Wen allerletzten Kuß.

Fast hab' ich durchgesungen
   All was ich weiß und kann;
's ist ungehört verklungen
   Im stillen Kerkerbann;
Ja, werft ins dumpfe Felsenloch
   Nur Lied und Laute, keck und frei;
Ich spreng' mit meinen Liedern doch
   Die Mauern noch entzwei.

Es heilt der Schmerz die Wunde,
   Das Feuer heilt die Glut;
Was gibt im Kerkergrunde
   Mir noch so hohen Mut?
Ja, wenn er ihn auch bluten läßt,
   Daß ihm das Herz im Leibe bricht:
Laß bluten, brechen! Gott verläßt
   Doch keinen Deutschen nicht!«

   Horch, da rascheln
   Leise Striche;
   An dem Gitter, –
   Horch – hoch oben! –
   Flüstert rufend
   Eine Stimme;
   Ist's ein Geist der Mitternacht?
   Volkmar zittert:

»Vater! Vater!«
Oben beben
Kaum erstickte
Laute nieder,
Und das Gitter
In der starken Hand erkracht;
In den Fugen
Hebt der Stein sich;
Aus den Klammern
Stürzt das Eisen,
Stürzen helle
Freiheitsklänge
Nieder in den finstern Schacht.

Freiheit! Freiheit!
Stürmisch schlagen
Töne, Herzen
Aneinander;
In der Freude
Feuergluten
Lodert auf die bange Qual;
Sieh, da klingt es
An des Vaters
Seite helle;
Sieh, da grüßet,
Wetterleuchtend,
In dem Mondlicht
Ihn der wohlbekannte Strahl:
»Nimm's, mein Kind, ja
Nimm es wieder,
Was des Todes
Hand entrissen;
Von dem Grabe
Deines Glückes
Bring' ich dir den alten Stahl.«

Und der Junge
Küßt die kalte,
Treue Klinge

Stumm und brünstig;
Sieh, es glühten
Drauf die Zeichen,
Wie zum Gruße, blutigrot.
»Laß die Runen
Brennen, drohen!
Komm zurück in
Unsre Wälder;
Fluch dem Leben,
Das der Treue
Nur Verrat und Schande bot!« –
»Noch mit einem
Hab' auf Erden
Ich ein ernstes
Wort zu reden;
Dann, – dann geh' ich
Mit Euch, Vater,
mit Euch bis in den Tod! –«

3. Das Gottesgericht.

Heut heult es in den Lüften, heut heult's im tiefen
Grund,
Als wollt' in Stücke gehen die Erde noch zur Stund';
 Es klammert sich der Winter fest
  Am Giebel, Dach und Wetterhahn;
Er heult aus Schlucht und Felsennest;
  Der Frühling braust heran.

Es klappert auf dem Dache im hohen Schloß zu Wien;
Die Wetterfahnen ächzen, sie wissen nicht, wohin?
  Mit halberstorbnem Wimmern irrt
 Der Sturm durch Hallen und Gemach;
  Ein wunderliches Beben wird
  Im alten Schlosse wach.

Tief unter Sturm und Toben im Felsgelaß ist Ruh';
Herr Adalbert sieht brütend den blauen Flammen zu;
  Er kocht ein wunderlich Gebräu

Im Tiegel überm Herde dort;
　　　　Es flüstert seine Lippe scheu
　　　Geheimes Zauberwort.

Du ritterlicher Priester, was hat dich angeweht?
Was starrt auf deinen Lippen das heimliche Gebet?
　　　Nie Knochenfaust aufs Herz gepreßt,
　　　　Ruft er hinaus in wilden Wehn:
　　　»Wenn uns der Himmel fallen läßt,
　　　　Muß uns die Hölle stehn!«

Hörst du, wie sich der Riegel aus rost'gem Schlosse schob?
Horch, horch, wie in den Angeln sich schwer die Pforte hob!
　　　Sieh, sieh, es drehte sich das Tor,
　　　　Wie mit gespenstiger Gewalt,
　　　Und aus der grauen Wand hervor
　　　　Tritt schweigend die Gestalt.

Da schrickt der Abt zusammen: »Ich rief die Geister nicht!«
Er schlägt mit gellem Rufe die Hände vors Gesicht. –
　　　»Herr Abt, Ihr seid nicht schuldig dran,
　　　　Daß ich nicht komme aus dem Grab.«
　　　Kalt spricht's der fremde, stille Mann
　　　　Und wirft den Mantel ab.

«Komm' ich auch nicht von drüben, hat doch mich Gott gesandt;
In Güte rat' ich, nehmet das Schwert dort von der Wand;
　　　Dem unvermeidlich sichern Los
　　　　Entrinnt der Wurm im Staube nicht;
　　　Wir haben in der Erde Schoß
　　　　Ein heimliches Gericht.«

»Bist du's, mein feiner Junker?« – Der Abt, er atmet schwer;

»Was half dir aus dem Boden, was durch die Wachen her?« –
    »Aus Wälschland ist die treue Wacht,
      Nie sorglich Ihr um Euch gestellt;
    Für Gottes Hand ist wohl kein Schacht
      Zu tief in weiter Welt.«

»Zum Ersten sollt Ihr sagen nach altem Rechtesbann:
Ihr warft mich meuchlings nieder, mich Eures Herzogs Mann,
    Und wenn Euch auch die kleine Tat
      Noch lange nicht den Nacken bricht: –
    Es ist wohl bübischer Verrat,
      Doch ist's das Schlimmste nicht.«

»Was soll ich Rede stehen? Wenn ich es auch getan:
Wir streiten Aug' um Auge, wir beißen Zahn um Zahn;
    Ihr wollt dafür wohl noch den Dank,
      Daß ich den Stahl für Euch gewetzt?« –
    Und ruhig macht die Wehre blank
      Der tapfre Priester jetzt.

«So sprecht, Herr Abt, zum Zweiten: Ihr habt zu St. Marie
Ein lieblich Kind begraben; gemordet habt Ihr sie;
    Ihr wißt, wie man mit Litanein
      Ein jung und fröhlich Leben bricht;
    Umsonst mag es zum Himmel schrein;
      Noch ist's das Schlimmste nicht.« –

»Hoho, hat Euch Frau Minne verbrannt das junge Hirn?
Ich mag's Euch nicht verargen; doch wascht Euch erst die Stirn';
    Für Euch ist nicht die schönste Maid
      Gewachsen unterm Himmelsdom;
    Sie ist – es tut mir wahrlich leid, –
      Just auf dem Weg nach Rom,«

«Verflucht, mit Euch zu rechten! Doch sprecht zum
Dritten, sprecht!
  Ihr habt uns schnöd betrogen um Treu und altes Recht;
    Ihr habt vergiftet und verwirrt,
    Ihr hobt zum Kampf die Bruderhand;
    Euch flucht, soweit das Eisen klirrt,
    Das ganze deutsche Land.« –

Da lacht der Abt: »Herr Junker, dazu seid Ihr zu jung;
Es lohnt sich nicht zu streiten mit Eurer groben Zung';
  Schlagt immer mit dem Schwerte drein,
    Das Ihr in beiden Händen schleift;
  Doch laßt die bösen Dinge sein,
    Die Ihr noch nicht begreift,« ^

»Und hört – (und seine Augen, sie blitzen, wie Smaragd:) –
Ihr seid ein frischer Junge; Ihr minnt die schönste
Magd;
  Ich schätz' an Euch den kecken Mut;
    Er ist sonst nicht des Landes Brauch;
  Ich lobe mir das heiße Blut,
    Und sie, – sie lobt es auch.«

»Vielleicht ein einz'ger Riegel – und sie ist nicht mehr
weit;
Vielleicht die Wand nur trennt dich von aller Seligkeit;
  Sie weint sich fast die Augen blind.
    Sie schwimmt in ihrer Tränen Strom;
  Was liebliche, betrübte Kind –
    Ins Kloster, ach! – nach Rom!«

»Seid ruhig, Junker, ruhig! Wie das gleich kochen mag!
Hört mich; es ist zum Spielen und Tändeln nimmer
Tag;
  Ich weiß, Euch locket nicht Gewinn,
    Nicht eitle Herrengunst am Thron;
  Ich weiß, es steht der heiße Sinn
    Nach einem andern Lohn,«

»Sie könnt' Euch sauer werden zum zweiten Mal, die
Flucht;
Denn in des Löwen Höhle habt Ihr mich aufgesucht;
Euch schreckt der Tod nicht, nah und fern;
Und ich – ich tu's nur, wenn ich muß;
Drum reitet frei zu Eurem Herrn
Und bringt ihm meinen Gruß,«

»Kredenzt ihm diesen Tropfen im ersten Becher Wein;
Hoho, warum erschrecken? Die Tat, die Schuld ist
mein;
Schwört mir auf heiliges Gebein,
Naß Ihr gehorchet stumm und blind,
Und diese Nacht noch ist sie dein,
Das wunderschöne Kind!«

Da starrt's, wie fröstelnd Eisen; da glüht's, wie Feuer-
brand;
Die halb verharschte Narbe sprengt blutend den Ver-
band;
Jetzt strömt's ihm durch die Adern heiß;
Der Zauber brach, der Zauber wich;
Die Klinge zischt in hohem Kreis:
»Zieht, Abt! Ihr oder ich!«

Sie grüßen mit den Schwertern sich nicht, wie sonst
man tut;
Es gibt nicht lange Funken, ein jeder Schlag gibt Blut;
»Herr Abt, Ihr führt mit sichrer Hand
Die Klinge traun, wie die Monstranz!« –
»Bei Gott, hab' acht, verfluchter Fant;
Du zahlst den blut'gen Tanz!« –

Durch das Gewölbe hallte des Abtes Spotten hell
Und Kling und Klinge prallte zusammen blitzeschnell;
Es gleißt und flimmert ums Gestein;
Das Echo in dem Winkel lacht;
Der Runen blut'ger Wetterschein
Flammt jubelnd durch die Nacht.

Jetzt schaut der Knapp' zu Boden, wo noch ein Leben zuckt;
Es ist, wie wenn im Hirne ihm wirr ein Kobold spuckt';
   Er hört, als war's ein Bach im Wald
      Mit starrem Sinn, mit dumpfem Mut
      Zur Erde rieseln feucht und kalt
   Des Abtes rotes Blut. – – –

Horch! rasselt's in den Angeln; hei! springt die Tür' entzwei;
Es stürzt der Fichtenecker herein mit wildem Schrei;
   Es fliegt sein Blick in irrer Hast
      Voraus im Dunkel und erstarrt;
   Es schwimmt ihm vor den Augen fast;
      Hat ihn ein Traum genarrt?

Die Leiche sieht er liegen; es will der Traum nicht flieh'n;
Er sieht mit blut'gem Schwerte den Knappen niederknien;
   Er sieht ihn stumm das Lederwamms
      Aufnesteln über seiner Brust:
   »Herr Ritter, Ihr seid deutschen Stamms,
      Daß Gott Euch schicken mußt'.«

»Du alte, treue Klinge, du bist doch viel zu gut;
Mir ekelt vor dem Leben, dir ekelt vor dem Blut;
   Wir han getan im schlimmen Streit,
      Was wir gesollt; jetzt geht's zur Ruh';
   Vorüber ist die Knappenzeit;
      Herr Ritter, stoßet zu!«

4. Zu Fichteneck.

Er schaut ins Tal hinunter still.
Ob wohl ein Bote kommen will?
Zu Fichteneck im festen Schloß –
Dort harrt er sein mit reichem Troß,
   Der Kaiser.

»Die Wolken ziehn, die Winde wehn;
Es mag auf Erden nichts bestehn; –
Schlecht mundet mir gar der rote Wein,
Und sauer wird mir, Kaiser zu sein
    Im Reiche.

Die Kunde bracht' mir ein treuer Mann,
Der kaum dem wütenden Troß entrann:
Sie sammeln zu Wien ein mächtiges Heer;
Es schwärmen in kecken Haufen umher
    Die Rebellen.«

»Es wär' mir dessen wohl nicht bang;
Noch weilt der Herzog gar so lang;
Will denn auf Erden nichts mehr bestehn?
Die Wolken ziehen, die Winde wehn
    Vorüber.«

So sprach der Kaiser in trübem Sinn;
Ihm bringt der Frühling keinen Gewinn;
Er starrt hinaus ins Blütenmeer;
Wohl Keinem wird das Herz so schwer
    Im Lenze.

Na schallt es im Hof: 's ist Hufenschlag:
»Was mir ein Bote noch bringen mag?
Er springt vom Pferde; ich kenn' ihn kaum;
Was soll's? Es neckt mich ein wirrer Traum
    Am Tage!«

Da klirrt der Sporn auf der Treppe von Stein;
Keck tritt der Reiter von unten herein:
»Um Gott, Herr Vetter! Was ficht Euch an?
Was kommet Ihr – ein einzelner Mann, –
    Geritten?«

«Ich gab mein Wort doch klar und schlicht
Für mich, – für meine Gesellen nicht;
Drum komm' ich, ein armer, einzelner Mann,

Und stelle mich frei in Euren Bann,
    Herr Kaiser!«

«Die Habsburg haben ein trotzig Blut;
Sie rüsten drüben mit neuem Mut;
Versuchet denn nochmals des Schwertes Kraft
Und gebt mir ritterliche Haft,
    Herr Kaiser!«

Und schweigend tritt der Kaiser zurück;
Sie sehen sich an mit starrem Blick;
Es hat dem stolzen Herzog nicht
Eine Muskel im marmornen Gesicht
    Gezittert.

Wohl zieht umsonst der milde Hauch
Herein von Baum und Blütenstrauch;
Des Frühlings leises, mächtiges Wehn
Zieht ungestört, zieht ungesehn
    Vorüber.

Der Kaiser beut ihm stumm die Hand,
Eh' er sich zuckend abgewandt;
Da bricht's! Da stürzt der Herzog ins Knie!
»Nimm, nimm, mein Kaiser! Frei geb' ich sie, –
    Die Rechte!«

Da flammt aus den Augen die alte Lust;
Da liegen sie weinend Brust an Brust,
Zwei deutsche Herzen in einem Schlag;
Das ist des Reiches schönster Tag
    Gewesen.

Wer hat sie gebannt, wer hat sie gefeit,
Die seligen Geister entschwundener Zeit?
Wer rief sie mit einmal wieder wach,
Als mit dem innigen Klange sprach
    Der Kaiser:

»Ja, hätt' ich die wahre Krone zur Stell',
Wie sollte sie glänzen und leuchten hell;
Du hast dir die Locken mit Eichen umlaubt;
Ich setzte sie jubelnd dir wieder aufs Haupt,
    Mein Bruder!« –

«Und stehst du auch nicht im purpurnen Kleid:
Ich schwöre dir heiligen Manneseid;
Dein Kaiserschwert, von Golde echt,
Wie soll es glühen fürs heilige Recht,
    Mein Bruder!« –

»Was brauchen wir langen Manneseid?
Was brauchen wir auch ein purpurnes Kleid?
O stund' ich mitten in Blut und Gefecht
Mit dir fürs heilige deutsche Recht,
    Mein Bruder!«

«Hörst du? Der Türmer stößt ins Horn!
Wär's Sturm? Mir klirrt's in Schwert und Sporn;
O laß sie kommen mit Roß und Knecht!
Mit dir fürs heilige deutsche Recht,
    Mein Bruder!«

5. Die alte Klinge.

Hört ihr das Echo blasen herüber aus dem Tal?
Seht ihr die Banner wehen im bunten Sonnenstrahl?
Es wiehert laut von drunten, es jubelt Roß und Mann;
Das ist der Fichtenecker mit seinem stolzen Bann.

Er tritt herein, der Alte, in seinen Ahnensaal;
Erst grüßt er rings die Bilder mit stolzem Blick zumal;
Dann strahlet zwiefach helle sein blauer Augenstern:
»Willkommen in meinem Hause, willkomm, ihr hohen Herrn!«

»Ich stand nicht, wie sich ziemet, an meiner Schwelle gleich;

Mich trieb des Krieges Windsbraut noch hin und her im Reich;
Jetzt laßt Euch doppelt grüßen; fürwahr, ein schöner Fest
Sah noch kein Fichtenecker auf unserem Felsennest.«

»Laßt mir des Wirtes Freude und schaut mir fröhlich drein!
Frischauf, frischauf, ihr Buben, bringt Becher und bringt Wein!
Doch, was sie auch mögen bringen aus Kammer und Keller schwer:
Das Beste im weiten Reiche, das bringen wir selber her.«

Und aus der Ritter Reihen, die laut den Saal gefüllt.
Tritt Volkmar keck; – wer ahnet, was seine Hand verhüllt? –
Den Staub noch auf dem Koller vom heißen, langen Ritt,
Das Tuch noch um die Stirne, das er sich jüngst erstritt.

Er sprach nicht lange Worte; mit seinem Schwerte frei.
Mit seinem frohen Blicke begrüßet er die zwei;
So sank er vor den Fürsten ins Knie nach Ritterart;
»Willkomm', mein trauter Junge! Was bringst du von der Fahrt?«

Und auf dem Purpurkissen in seinen Händen lag
Des Reiches goldene Krone im hellen, lichten Tag;
Da lag, um was geblutet Herrn, Ritter und Gesind;
Da lag, um was gestorben so mancher Mutter Kind.

Mit stillem Freudenblicke, mit stolzer, fester Hand
Griff Ludwig nach den Blitzen aus Steinen und Demant;
Doch heller strahlt sein Auge, als wär's von Tränen naß.
Da nun auf Friedrichs Stirne das güldene Kleinod saß.

Und wie die Waffen klirrten, wie's jubelnd rings erscholl
Und wie die Freude jauchzte und laut und lauter schwoll.
Da ward manch schart'ge Wehre in froher Lust geschwenkt;
Da war wohl, tief ergriffen, manch starkes Haupt gesenkt.

»Steh' auf, steh' auf, mein Knappe, du goldestreues Blut,
Steh' auf, mein trauter Sänger, als Ritter treu und gut!
Steh' auf! Mit diesem Schlage sollst du der erste sein!«
Kein Schwerthieb hat geschauert ihm so durch Mark und Bein.

Und aus der Frauen Mitte tritt, wie der Schnee, so weiß,
Ein Kind; der Fichtenecker führt lachend sie in den Kreis:
»Sie ist noch scheu zu Hause; der Männer sind's zuviel;
Man lehrte sie nicht im Kloster das wunderliche Spiel.«

Sie schlug die Blicke nieder; die Tränen standen ihr nah;
Sie bebte leis zusammen, als sie den Junker sah;
Sie stand wie eine Lilie, im süßen Frühlingstau;
Es glühte, wie eine Rose, die wunderschöne Frau.

Sie schlingt um seine Hüften ein buntes Wehrgehäng';
Was willst du ihn noch binden? Ist ihm doch schwül und eng.
Sie kniete vor ihm nieder; ach, daß er's dulden muß!
Und schnallte ihm die Sporen an seinen staubigen Fuß.

Jetzt flammt sein Aug'; er schwenkte die Wehre hoch zum Schwur;
Sieh hin! war es vom Himmel ein Blitz, der ihn durchfuhr?

Sieh hin! ob er gebrochen im Schrei zusammensank?
Die Runen sind verschwunden, der alte Stahl ist blank.

Und durch die Knecht' und Ritter, da reißt sich's wilde Bahn,
Und vor den Kaiser stürzet ein grauer, bärt'ger Mann;
Der Fürst in bleichem Schrecken greift an des Schwertes Knauf:
»Um Gott, was soll es werden? die Toten stehen auf!« –

»Ja, Kaiser! ja, die Toten!« (so ruft es auf den Knien;)
»Aus meinem Grabe will ich, und ging's zum Sterben, fliehn;
Kennt Ihr die Klinge wieder? Wißt Ihr, wer mir sie gab?
Rächt, rächt mit Eurem Schwerte, was sie, was Gott vergab!« –

»Mein Vater, o mein Vater!« (der Junge jubelt's laut;)
Sie sollen dir nicht rühren ans Haar, vom Leid ergraut;
Was du auch hast gelitten, was sie dir auch geraubt:
Sie sollen dir nicht greifen an dein geheiligt Haupt!«

Da liegen sie aneinander, der Junge und der Greis;
Da stehn sie stolz beisammen, die Ritter, stumm im Kreis;
Da spricht tiefernst der Kaiser, er spricht's mit milder Huld:
»Ihr habt sie nicht begraben, Ihr habt gesühnt die Schuld«.

»Die Minne hat's verbrochen, daß Ihr die Treue bracht;
Aus Acht und schwerem Banne löst Euch der Treue Macht;
Ihr habt dafür geboten mir meinen treu'sten Mann;
Wie sollen wir ihm lohnen, was nur die Minne kann?« –

»Das wollt' ich Euch wohl sagen! (ruft laut der Fichteneck;)

Was wollt Ihr für den Jungen, Herr Irmin? (lacht er keck. –)
Wir haben scharf gestritten, als heiß noch das Blut gewallt;
Wir wollen Frieden schließen; wir werden mürb und alt.« –

»Wir haben Frieden geschlossen; – seht Euch nur einmal um!«
Na lagen sie aneinander in Tränen heiß und stumm;
In ihre glühnden Wangen der rote Purpur schoß;
Aus ihren weichen Armen rang sich Jung Volkmar los.

»So kennet Ihr sie wieder, Herr Kaiser, die Klinge gut?
Kennt Ihr's in meinen Adern, das echte, deutsche Blut?
Der Treue hab' ich geschworen frei unterm Himmelsdom;
Der Treue schwör' ich wieder, mein kaiserlicher Ohm!« –

Siehst du die Banner wehen im hellen Sonnenlicht?
Hörst du, wie aus den Hallen der frohe Jubel bricht?
Siehst du den Frühling draußen, stehst du ihn drinnen blühn?
Hörst du die Berge brausen im stolzen Eichengrün?

Was schaust du trüb und trüber auf alte Herrlichkeit?
Was siehst du bang hinüber aus öder, böser Zeit?
Es liegen in stillen Hallen die Helden, hehr und hoch;
Die Burgen sind gefallen, – die Eichen stehen noch.

Über tredition

Eigenes Buch veröffentlichen

tredition wurde 2006 in Hamburg gegründet und hat seither mehrere tausend Buchtitel veröffentlicht. Autoren veröffentlichen in wenigen leichten Schritten gedruckte Bücher, e-Books und audio-Books. tredition hat das Ziel, die beste und fairste Veröffentlichungsmöglichkeit für Autoren zu bieten.

tredition wurde mit der Erkenntnis gegründet, dass nur etwa jedes 200. bei Verlagen eingereichte Manuskript veröffentlicht wird. Dabei hat jedes Buch seinen Markt, also seine Leser. tredition sorgt dafür, dass für jedes Buch die Leserschaft auch erreicht wird.

Im einzigartigen Literatur-Netzwerk von tredition bieten zahlreiche Literatur-Partner (das sind Lektoren, Übersetzer, Hörbuchsprecher und Illustratoren) ihre Dienstleistung an, um Manuskripte zu verbessern oder die Vielfalt zu erhöhen. Autoren vereinbaren direkt mit den Literatur-Partnern die Konditionen ihrer Zusammenarbeit und partizipieren gemeinsam am Erfolg des Buches.

Das gesamte Verlagsprogramm von tredition ist bei allen stationären Buchhandlungen und Online-Buchhändlern wie z. B. Amazon erhältlich. e-Books stehen bei den führenden Online-Portalen (z. B. iBookstore von Apple oder Kindle von Amazon) zum Verkauf.

Einfach leicht ein Buch veröffentlichen: **www.tredition.de**

Eigene Buchreihe oder eigenen Verlag gründen

Seit 2009 bietet tredition sein Verlagskonzept auch als sogenanntes "White-Label" an. Das bedeutet, dass andere Unternehmen, Institutionen und Personen risikofrei und unkompliziert selbst zum Herausgeber von Büchern und Buchreihen unter eigener Marke werden können. tredition übernimmt dabei das komplette Herstellungs- und Distributionsrisiko.

Zahlreiche Zeitschriften-, Zeitungs- und Buchverlage, Universitäten, Forschungseinrichtungen u.v.m. nutzen diese Dienstleistung von tredition, um unter eigener Marke ohne Risiko Bücher zu verlegen.

Alle Informationen im Internet: **www.tredition.de/fuer-verlage**

tredition wurde mit mehreren Innovationspreisen ausgezeichnet, u. a. mit dem Webfuture Award und dem Innovationspreis der Buch Digitale.

tredition ist Mitglied im Börsenverein des Deutschen Buchhandels.

Dieses Werk elektronisch lesen

Dieses Werk ist Teil der Gutenberg-DE Edition DVD. Diese enthält das komplette Archiv des Projekt Gutenberg-DE. Die DVD ist im Internet erhältlich auf **http://gutenbergshop.abc.de**